AF252735

PREMIÈRES ARMES DE RICHELIEU

COMÉDIE EN DEUX ACTES,

Mêlée de couplets,

DE MM. BAYARD ET DUMANOIR,

Représentée, pour la première fois, à Paris, sur le théâtre du Palais-Royal, le 5 décembre 1839.

DISTRIBUTION :

LE DUC DE RICHELIEU (15 ans)	Mlle Déjazet.

LE DUC DE RICHELIEU (15 ans)............ Mlle Déjazet.
LA DUCHESSE DE NOAILLES......... Mme Moutin.
DIANE DE NOAILLES, duchesse de
  Richelieu (18 ans)..................... Mlle Pernon.
LE CHEVALIER DE MATIGNON........ M. Derval.
Mlle DE NOCÉ, fille d'honneur......... Mme Grassot.
LE BARON DE BELLE-CHASSE........ M. Levasson.
LA BARONNE, sa femme.............. Mme Leménil.

DUBOIS, valet de chambre.......... M. Barthélemy.
MERLAC, perruquier............... M. Octave.
UN TAPISSIER.................... M. Lejeunier.
DAMES DE LA COUR.
GENTILSHOMMES.
UN CAROSSIER.
UN HUISSIER.

La scène est à Versailles, en 1711.—Au premier acte, dans les appartemens de la Duchesse de Noailles, dépendant de ceux de la Duchesse de Bourgogne. Au deuxième acte, à l'hôtel de Richelieu.

ACTE I.

Le théâtre représente un salon, ouvrant au fond, par trois portes, sur une galerie. A gauche, une porte dérobée conduisant chez la Duchesse de Bourgogne. A droite, une table couverte d'un tapis.

SCÈNE I.

Mlle DE NOCÉ, LE CHEVALIER DE MATIGNON, plusieurs DAMES.

Mlle DE NOCÉ, aux dames qui l'entourent.

Mon Dieu, mesdames, est-ce que la présentation ne finit pas?.. Voyez donc... (Tout le monde fait un mouvement vers le fond; elle se rapproche brusquement du bord de la scène, et lit un billet qu'elle tenait caché. « Vous êtes trop belle, Césarine, pour être ainsi jalouse : Diane de Noailles est ma cousine, et ce titre autorise certaines privautés, qui vous ont alarmée... l'amitié seule me rapprochait d'elle, tandis que vous...

MATIGNON, entre en riant. *

Ah! ah! ah!.. la singulière chose!..

Mlle DE NOCÉ, cachant sa lettre.

Ah!.. c'est lui!

MATIGNON, s'éventant.

Quelle chaleur!.. quelle cohue!.. Toute la cour est là... Il faut se réfugier ici, chez madame de Noailles, dans les appartemens de la Duchesse de Bourgogne, pour respirer un peu... (Saluant.) Mesdames... Ah! mademoiselle de Nocé...

Mlle DE NOCÉ, lui faisant un signe qui le retient.

Vous sortez de chez le roi, M. le Chevalier... Qu'y fait-on?

MATIGNON.

On y étouffe... voilà ce qu'il y a de plus clair.

Mlle DE NOCÉ.

Mais la cérémonie?

MATIGNON.

Magnifique.

Mlle DE NOCÉ.

La présentation?

MATIGNON.

Très drôle, ma parole d'honneur!.. Oh! moi, je m'y attendais... Ce matin, j'étais à Paris, à Saint-Roch, où ce mariage a été célébré; et quand les jeunes époux sont partis pour Versailles, où la Duchesse de Noailles, votre sévère gouvernante, devait les présenter au roi... Je n'y ai pas tenu... j'ai voulu être ici, pour jouir de l'effet.

Mlle DE NOCÉ, avec un dépit, qu'elle cherche à déguiser.

C'est tout simple... vous avez voulu assist[er au] triomphe de votre jolie cousine, Mlle Di[ane]

<hr>

* Matignon, Mlle de Nocé.

Nota. Les personnages sont inscrits en tête de chaque scène comme ils doivent l'être au théâtre, le premier tient la gauche du spectateur. Les changemens sont indiqués par des notes.

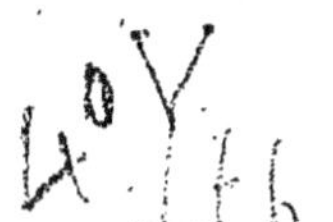

Noailles, hier encore fille d'honneur, comme nous, de Mᵐᵉ la Duchesse de Bourgogne, et aujourd'hui, si fière sans doute de son nouveau titre... Duchesse de Fronsac!

MATIGNON.

Vous pourriez dire: Duchesse de Richelieu... Car le vieux Duc a obtenu de Louis XIV que son fils prendrait ce nom dès à présent.

Mˡˡᵉ DE NOCÉ.

Raison de plus, pour que la nouvelle Duchesse fût toute fière.

MATIGNON.

Il n'y avait pas de quoi, je vous assure... A peine si on la remarquait... Les regards étaient ailleurs.

Mˡˡᵉ DE NOCÉ.

Sur le roi?

MATIGNON.

Mieux que ça.

Mˡˡᵉ DE NOCÉ.

Sur madame de Maintenon?

MATIGNON

Mieux que ça.

Mˡˡᵉ DE NOCÉ.

Mais, enfin?..

MATIGNON, riant.

Sur le marié!.. Figurez-vous... ah! ah! ah!.. figurez-vous un petit bonhomme, haut comme mon épée, perché bravement sur ses talons rouges, et s'avançant sous les regards du grand roi, avec l'intrépidité d'un vieux courtisan... lui, un colosse de quinze ans!.. Mais, ce n'est pas tout... Vous savez que le Duc de Chartres et quelques jeunes seigneurs ont adopté, depuis peu, la manie extravagante de poudrer à blanc leur chevelure... mode bizarre, qui ne prendra jamais... Eh bien! Richelieu s'est mis au rang des novateurs!.. ce qui lui donne un ridicule de plus *... » Aussi, il fallait entendre les quolibets qui commençaient à circuler, au milieu des chuchottemens et des rires étouffés. — Eh! mais, disait Mᵐᵉ de Villars, voilà un mari qui sort de nourrice! — Parbleu! lui répliquait Gontaut, la vieille Duchesse de Noailles est dans son emploi: elle était gouvernante des jeunes filles... elle va prendre les petits garçons en sevrage — Certainement, ajoutait gravement Mᵐᵉ de Mouchy, avec ce mari-là, Mˡˡᵉ de Noailles conservera son titre de fille d'honneur... (Riant.) Je le crois bien... il part après la présentation, avec son gouverneur... (A part.) Bon voyage!..

Mˡˡᵉ DE NOCÉ.

Et votre pauvre cousine...

MATIGNON.

On voyait bien qu'elle était confuse, humiliée de tenir la main de ce bambin... Lorsque le roi adressa la parole au petit Duc...

Mˡˡᵉ DE NOCÉ.

Qui baissa les yeux, comme un écolier, et mordit ses manchettes?..

MATIGNON.

Ah! bien, oui!.. Le petit faquin releva la tête, se campa sur la hanche, et je crois, Dieu me pardonne, qu'il allait répondre à Louis XIV... quand Villars et moi, pris tout-à-coup d'un fou-rire et effrayés d'un regard de Mᵐᵉ de Maintenon,

* Ce passage sera supprimé, si l'actrice, chargée du rôle de Richelieu, adopte la coiffure à la Louis XIV, au lieu de la perruque poudrée.

nous avons cherché notre salut dans la fuite!..

Mˡˡᵉ DE NOCÉ.

Et pourquoi donc cela?.. Le petit Duc est fort bien... vif et badin.

MATIGNON.

Vous le connaissez?..

Mˡˡᵉ DE NOCÉ.

Je l'ai vu quelquefois... quand j'accompagnais Mᵐᵉ de Bourgogne à la promenade.

MATIGNON.

Eh bien!.. vous changerez d'avis tout à l'heure... Car, en sortant de chez le roi, il va venir par ici, pour être présenté à Mᵐᵉ la Duchesse de Bourgogne... (Riant.) C'est le jour des présentations burlesques... N'est-ce pas ce matin que le Baron de Belle-Chasse introduit sa femme à la Cour?.. Une ci-devant marchande, Mᵐᵉ Patin, qu'il a épousée pour ses écus, comme elle dit... C'est la troisième bourgeoise qui vient se décrasser ici, depuis un mois.

Air: De sommeiller encor, ma chère.

Ces marchandes, laides ou belles,
De satin, velours et rubans,
En nous fournissant des dentelles,
Font leur fortune à nos dépens:
Puis, celle à qui vient la richesse,
Tandis que la nôtre s'en va,
Ayant gagné l'argent de la noblesse,
Achète un noble avec cet argent-là.

(S'approchant de Mˡˡᵉ de Nocé, qui est restée rêveuse à droite, et lui parlant bas, pendant que les autres dames s'éloignent au fond.)

Eh mais! Césarine, vous ne riez pas!... à quoi pensez-vous donc?

Mˡˡᵉ DE NOCÉ.

A votre nouveau cousin, à ce petit Duc de Richelieu.

MATIGNON.

Comment cela?

Mˡˡᵉ DE NOCÉ.

Oui, Chevalier... je ne vous le cache pas... j'espérais qu'il saurait défendre son bien... et que le mariage de Mˡˡᵉ de Noailles mettrait un terme à de certaines prétentions... (Montrant le billet qu'elle lisait.) que vous niez en vain... Mais vous avez raison, c'est un enfant dont il n'y a rien à craindre...

MATIGNON, à part.

Elle devine tout!

Mˡˡᵉ DE NOCÉ.

Dont sa femme rougit déjà...

MATIGNON, à part.

C'est sur quoi j'ai compté.

Mˡˡᵉ DE NOCÉ.

Vous en ferez votre jouet...

MATIGNON, à part.

Je n'y manquerai pas.

Mˡˡᵉ DE NOCÉ.

Bientôt, les moyens les plus directs...

MATIGNON, à part.

Ce sont les meilleurs.

Mˡˡᵉ DE NOCÉ.

Peut-être une lettre, comme à moi...

MATIGNON, à part, mais s'oubliant.

C'est déjà fait!

Mˡˡᵉ DE NOCÉ.

Vous dites?..

MATIGNON.

Que vous avez tort d'être jalouse, que je

n'aime que vous... et qu'il n'y a pas ici une fille d'honneur dont l'amant soit plus tendre, plus fidèle... et plus discret.

Mlle DE NOCÉ, lui abandonnant sa main.

Perfide !

MATIGNON, lui baisant la main.

Charmante !.. (À part.) Mon petit cousin sera...

(La voix de Mme de Noailles lui coupe la parole. Le Chevalier et Mlle de Nocé se séparent brusquement.)

SCÈNE II.

LES MÊMES, LA DUCHESSE DE NOAILLES.*

LA DUCHESSE.

Ah ! j'en mourrai de joie !.. Ah ! Mesdemoiselles, mon beau cousin, c'est vous ?.. Vous me voyez rayonnante, triomphante, resplendissante !

Mlle DE NOCÉ.

Veuillez donc nous faire prendre part...

LA DUCHESSE, enthousiasmée.

Il a été beau... il a été grand... il a eu, un moment, six pieds de haut !

MATIGNON, s'efforçant de ne pas rire.

Qui donc ?.. le roi ?..

LA DUCHESSE.

Mon gendre !.. (Matignon étouffe un éclat de rire.) Vous n'y étiez donc pas, beau cousin, quand sa Majesté daigna lui dire, de sa propre bouche : « M. le Duc, pourquoi tenir les yeux baissés en notre présence ?.. » Mon sang se glaça dans mes veines... j'attendais avec anxiété la réponse du pauvre enfant... Il est perdu, me disais-je !.. Eh bien ! « Sire, (répondit-il au milieu du silence général) peut-on regarder en face le soleil ?..

Mlle DE NOCÉ.

Il a dit cela ?..

LA DUCHESSE.

Il l'a dit !.. et moi, j'ai bondi de plaisir et d'orgueil !

MATIGNON, à part.

Pauvre roi !.. on lui répète toujours la même chose.

LA DUCHESSE, avec admiration.

Peut-on regarder en face le soleil !..

MATIGNON, à part.

Allons donc !.. un petit perroquet !

LA DUCHESSE.

A quinze ans ! à peine né ! une réponse pareille !.. Feu M. de Noailles, décédé à soixante-deux ans, n'en a pas dit autant dans toute sa vie !.. A ces mots, on vit errer sur les lèvres royales un majestueux sourire, qui passa sur le visage de Mme de Maintenon, circula, fit le tour de la salle, et l'approbation fut unanime.

MATIGNON, à part.

Au nom du roi... c'est de rigueur.

LA DUCHESSE.

Aussi, suffoquée de joie, d'enthousiasme et de chaleur, j'ai quitté la salle du trône, pour aller annoncer à Mme la Duchesse de Bourgogne mon gendre, son filleul... (Fièrement, à Matignon qui sourit.) Elle l'a tenu sur les fonds, Monsieur !..

*Matignon, la Duchesse, Mlle de Nocé.

MATIGNON, à demi-voix.

Parbleu !.. elle doit s'en souvenir... il n'y a pas si long-temps.

LA DUCHESSE.

Ah ! les voici !.. (Mouvement général.) Peut-on regarder en face...

MATIGNON.

Le soleil... c'est convenu.

SCÈNE III.

LES MÊMES, RICHELIEU, DIANE, GENTILS-HOMMES, DAMES DE LA COUR.

(Le cortége des nouveaux époux traverse lentement la galerie du fond. — Le duc de Richelieu, en grand habit de cour, donne la main à Diane, qui détourne presque la tête. Arrivé au milieu de la scène, le duc s'arrête, jette un regard sur sa jeune épouse, pousse un soupir et continue à marcher vers la gauche. La Duchesse prend la main d'un des gentilshommes et se joint au cortége, qui disparaît à gauche.)

Mlle NOCÉ, à part, pendant le passage du cortége.

Eh mais ! il a fort bon air.

MATIGNON, à part, en riant.

Un mari qu'on fait voyager !.. Pauvre petite femme !..

(Quand le cortége a disparu, le Baron de Belle-Chasse entre avec la Baronne par le fond.)

SCÈNE IV.

LE CHEVALIER, Mlle DE NOCÉ, LE BARON DE BELLE-CHASSE, LA BARONNE.*

LE BARON, à la cantonnade.

Eh bien ! oui, palsambleu ! c'est moi, le grand Levrier du roi.

MATIGNON.

Ah ! le Baron de Belle-Chasse !.. Oh ! Mme Patin !..

LA BARONNE, regardant derrière elle.

Qu'est-ce qu'ils ont à rire, tous ces paltoquets ?

LE BARON, à demi-voix.

Baronne ! Baronne !.. observez-vous.

LA BARONNE.

Soyez donc tranquille... je me tiens.

LE BARON, apercevant Matignon.

Eh ! palsambleu ! c'est Matignon !.. bonjour, Chevalier... Mlle de Nocé !..

LA BARONNE, d'un air pincé.

Monsieur... Madame... et la compagnie...

LE BARON, bas.

Chut ! parlez peu. (Haut.) Permettez que je vous présente Mme la Baronne de Belle-Chasse, mon épouse... (La Baronne fait la révérence et s'apprête à parler, il lui dit bas.) Bien, assez !.. (Il lui montre Mlle de Nocé.) Mlle de Nocé... une fille d'honneur.

LA BARONNE, vivement.

Pas possible !.. (Se reprenant, sur un geste du Baron.) J'en suis bien aise.

MATIGNON.

En effet, Baron, la renommée nous a appris que vous aviez convolé en secondes noces... On vous maria, je crois...

LE BARON.

A Saint-Germain-l'Auxerrois.

* Mlle de Nocé, le Chevalier, le Baron, la Baronne.

LA BARONNE.

J'étais mise en...

LE BARON, bas.

Assez, assez... (Haut.) Il y a six semaines...
Nous sommes de jeunes époux de six semaines...
Et c'est aujourd'hui que sa majesté daigne recevoir nos hommages... la Baronne à voulu à toute
force être présentée.

LA BARONNE, s'oubliant.

Je crois bien !.. je ne vous ai épousé que
pour ça.

LE BARON, bas, vivement.

Parlez peu !

MATIGNON, se détournant pour rire.

Oh !..

Mlle DE NOCÉ.

Mme la Baronne n'était jamais venue ici ?

LA BARONNE.*

Jamais, du grand jamais, ma chère... Tant
que j'ai été Mme Patin, la femme d'un mar-
chand, une bourgeoise, il n'y avait pas moyen
d'y fourrer son nez, à c'te cour... et j'en grillais
d'envie.

LE BARON, bas.

Vous parlez trop !

MATIGNON.

Laissez donc parler, Baron.. Madame s'exprime
avec une grâce !..

LA BARONNE, se laissant aller.

N'est-ce pas ?.. Enfin, ce pauvre Patin, qui
faisait toutes mes volontés, m'a rendue veuve...
Oh ! alors, que je me suis dit : si, pour entrer à
la cour, il faut un Marquis, Vicomte, Chevalier
ou Baron... j'ai assez d'argent pour me pro-
curer ça : deux cent mille livres tournois de
rente... et, vous voyez, je ne l'ai pas pris au
poids.

Air : Vaudeville de la famille de l'apothicaire.

Grâce à mon Baron, que voici,
J'ai mon rang, mon titre, mes armes,
Et le droit de venir ici,
Avec mes écus et mes charmes.
(Se retournant vers le fond.)
Je ne vois pas, mauvais plaisants,
De quoi la cour rit et s'étonne...
Car, ma foi, ce que je lui prends
Ne vaut pas ce que je lui donne!

MATIGNON, riant, à part.

Qu'est-ce que c'est que ça !..

LE BARON, bas, impatienté.

Vous parlez infiniment trop !

LA BARONNE.

Pour lors, ce matin, je n'en ai fait ni une ni
deux... j'ai pris mes diamants, mon Baron,
mes deux chevaux, et je viens me présenter
aux regards du grand monarque, qui ne sera
peut-être pas fâché de me voir.

MATIGNON, mâchant son mouchoir pour ne pas
éclater.

Au contraire !..

LA BARONNE.

Et si les Duchesses de l'endroit en crèvent
de jalousie... ma foi, tant pis ! je m'en fiche !

LE BARON.

Baronne !.. Baronne !..**

LA BARONNE, vivement.

Non, non, non !.. je ne m'en fiche pas !

LE BARON, bas.

Ne parlez plus du tout !

MATIGNON, bas à Mlle de Nocé.

Ah ! ah ! ah !.. elle est unique !

Mlle DE NOCÉ, derrière son éventail.

Tout-à-fait amusante !

LA BARONNE, à part.

Qu'est-ce qu'il a donc, ce grand escogriffe?

MATIGNON.

Bien certainement, Baronne, sa majesté vous
adressera quelque gracieux compliment...

LA BARONNE.

Eh bien ! quoi ?.. c'est tout ce que je demande..
on lui répondra, à sa majesté... et quelque chose
de bien troussé, je m'en charge...

LE BARON.

Du tout !.. je m'y oppose... je m'y oppose !

LA BARONNE.

Par exemple !..

MATIGNON, à Mlle de Nocé.

C'est M. Jourdain, en robe et en falbalas !

LE BARON.

C'est au mari de répondre... surtout quand il
a charge à la cour... Je suis grand Levrier du roi...
j'ai l'honneur de commander les levrettes de la
couronne!.. Et s'il le faut, je serai plus fort sur la
réplique que ce petit bambin de Richelieu.

LA BARONNE.*

Richelieu!.. Oh! n'en dites pas de mal... C'est
un amour !.. Il est joli à croquer.

LE BARON.

Baronne de Belle-Chasse!..

MATIGNON.

Madame le connaît?

LA BARONNE.

Le petit Fronsac?.. mais, mon cher ami, je ne
connais que ça... Du temps de feu Patin... l'autre,
mon premier... quand nous tenions boutique de
draps, rue Quincampoix...

(Le Chevalier et Mlle de Nocé pouffent de rire.)

LE BARON, à part.

Ah! bon! la voilà lancée!.. (Bas.) Vous parlez
trop !

LA BARONNE.

Eh! bien, quoi ?.. nous fournissions la maison
du vieux Duc... le père du petit... Et quand j'allais chez l'intendant régler nos comptes, je voyais
toujours l'enfant, avec son gouverneur, un
grand tartuffe d'abbé... je le prenais sur mes
genoux...

MATIGNON.

L'abbé?

LE BARON, avec dignité.

Chevalier de Matignon !..

LA BARONNE.

Eh! non! l'autre... qui vous avait des
petits yeux, un petit air!.. et comme je disais à
feu Patin, un soir qu'il m'avait chiffonné une
collerette de point d'Alençon... (Vivement.) Pas
Patin!.. Cet enfant-là sera un... enfin, suffit, je
m'entends... jour de Dieu! gare aux jolies filles, et
aux vilains maris !

LE BARON, n'y tenant plus.

Mme Patin !..

LA BARONNE.

Je ne dis pas ça pour vous... et encore!..

LE BARON.

Mme Patin!.. vous serez toujours...'Mme Patin!..

LA BARONNE.

Insolent!..   (Elle remonte la scène.)

MATIGNON.

Allez, allez toujours, Baronne... ne vous gênez pas.

Mlle DE NOCÉ, qui a remonté la scène, vivement.

On sort de chez Mme la Duchesse de Bourgogne!..

LA BARONNE, au fond.

Tiens! le voilà!.. c'est mon petit Fronsac!

Mlle DE NOCÉ, à part.

Le chevalier a beau dire, il est charmant!

SCÈNE V.

LES MÊMES, RICHELIEU.

(Il entre du fond, très agité, en s'éventant avec son mouchoir, et, sans voir les autres personnages, va se jeter sur un fauteuil à droite.)

RICHELIEU.

Ouf!.. J'avais besoin de prendre l'air, de respirer, de me remettre de mon trouble!.. Je ne sais plus où j'en suis!

Mlle DE NOCÉ, s'approchant.

Qu'est-ce donc?

RICHELIEU, se levant tout-à-coup.

Mademoiselle de Nocé!.. Le chevalier de Matignon!.. Eh! mais, c'est madame Patin!..

LE BARON, à part.

Bon!

LA BARONNE, avec fierté.

La baronne de Belle-Chasse!

RICHELIEU.

Baronne?.. vrai?.. Ah! ah! ah!.. que la cour est drôle!

LA BARONNE.

Petit!..

LE BARON.

Le Duc veut rire.

RICHELIEU.

Ma foi! je n'en ai guère envie... J'ai la fièvre!.. la tête, le cœur, tout est en feu!

LA BARONNE.

Ah! mon Dieu!.. il est malade!..

RICHELIEU.

Eh non!.. (A part.) Dieu! qu'elle est bête!

Mlle DE NOCÉ.

Qu'est-ce donc, monsieur le Duc?..

RICHELIEU, avec feu.

Si vous saviez comme elle m'a reçu!.. Pouvais-je m'attendre à tant de grâce et de bonté?..

MATIGNON, étonné.

Madame la duchesse de Bourgogne?..

RICHELIEU.

Elle-même!.. En m'apercevant, elle n'a pu retenir un cri... « Ah! qu'il est joli!» Et puis, elle m'a tendu la main... que j'ai baisée avec transport... et ce baiser, elle me l'a rendu, là, sur le front!.. Diane admirait un écrin, un cadeau, qu'elle a emporté... tandis que moi, mon sang bouillonnait, mon cœur battait avec force!..

* Le Baron, la Baronne, Matignon, Richelieu, Mlle de Nocé.
** Le Baron, la Baronne, Richelieu, Matignon, Mlle de Nocé.

j'aurais voulu être seul, pour me jeter aux pieds de la Duchesse!.. mais tremblant, muet, immobile, je n'ai pas osé.

LA BARONNE, à part.

Pauvre chéri!.. il m'intéresse.

Mlle DE NOCÉ, de même.

Comme ses yeux brillent!

MATIGNON.

Eh mais! qu'est-ce que cela veut dire?..

RICHELIEU.

Ma foi, je n'en sais rien...

Air : Je sais attacher des rubans.

Je n'ai, ni frémi, ni tremblé
Devant la royale puissance;
Mais la Princesse m'a parlé!..
Et j'ai perdu mon assurance.
Pour faire battre un cœur, je crois,
Au trouble qui remplit mon âme,
Que le regard du plus grand roi
Ne vaut pas un baiser de femme!

Écoutez donc, il y avait deux mois qu'elle ne m'avait embrassé... (A Mlle de Nocé.) N'est-ce pas, mademoiselle?

MATIGNON.

Qui?.. elle?.. Madame la duchesse de Bourgogne?

Mlle DE NOCÉ, à part.

Oh! le petit indiscret!

RICHELIEU.

Ah! c'est que vous ne savez pas tout!.. Cela date de loin... Il y a un an... je n'étais encore qu'un enfant... (Matignon et Mlle de Nocé sourient.)

LA BARONNE.

Tiens! qu'est-ce qu'il est donc, à présent?

LE BARON.

Cela ne vous regarde pas, ma mie.

RICHELIEU.

Quand mon père s'en venait à la Cour, il m'amenait dans son carrosse, et m'envoyait, avec mon gouverneur, dans les jardins de Trianon... Là, je rencontrais toujours une jeune et belle dame, qui me carressait, m'embrassait... C'était très gentil!.. Elle me donnait des dragées et m'appelait : *sa petite poupée*... C'est drôle, n'est-ce pas?.. Et elle ne voulut jamais me dire son nom!.. Elle était avec de belles demoiselles, qui m'embrassaient aussi... Mademoiselle de Nocé, vous rappelez-vous?

Mlle DE NOCÉ, confuse.

Qui? moi?.. mais non.

(Matignon la regarde en souriant.)

LA BARONNE.

Oh! la fille d'honneur!..

(Le Baron la tire par sa robe.)

RICHELIEU.

Il y a deux mois... cela durait toujours... j'étais, avec ces demoiselles, aux pieds de ma jolie inconnue... quand une vieille dame... (Bas.) Madame de Maintenon... survient, se fâche, et me défend de reparaître à Trianon... Ce fut alors que mon mariage fût décidé avec mademoiselle de Noailles... Oh! elle ou une autre, ça m'était égal... je voulais être présenté à la Cour, voilà tout... Mais jugez de ma surprise, quand, tout-à-l'heure, levant les yeux sur la Duchesse, que je venais voir pour la première fois, ses traits me frappèrent, le son de sa voix fit battre mon cœur!..

C'était elle, la dame de Trianon, qui m'a baisé au front, comme autrefois!.. J'étais tout troublé, tout confus... Elle a eu pitié de moi. «Mon enfant, m'a-t-elle dit, tout le monde raffole de vous ici... venez nous voir souvent... j'ai fait un cadeau à Diane; mais, à vous, je vous en dois un...» Et comme je me penchais... «A six heures...» a-t-elle ajouté plus bas... Madame de Noailles s'approchait pour entendre... C'est très gênant, les vieilles!.. «Ah! madame, a repris en riant la Duchesse, j'ai créé une nouvelle charge dans ma maison... désormais, je ne l'appellerai plus que *ma petite poupée*...» Et elle est sortie... ma belle mère, cramoisie de colère, est partie avec elle... la foule était ébahie... et moi, je suis accouru ici, ivre de mon bonheur, que je voudrais raconter à tout le monde!

MATIGNON, à part.
Voilà bien le petit fat le plus indiscret!..

LA BARONNE.
Il est très drôle... je l'embrasserais bien aussi, moi!

LA DUCHESSE DE NOAILLES, en dehors.
Restez, ma fille.

RICHELIEU.
Ah! ma belle-maman! . Tenez! elle est encore écarlate.

LA BARONNE.
Qu'est-ce que c'est que cette grosse-là?

LE BARON.
Chut!.. C'est une Noailles.

SCÈNE VI.

LES MÊMES, LA DUCHESSE DE NOAILLES.[*]

LA DUCHESSE.
J'étouffe! je suffoque!.. c'est d'une inconvenance!.. (Se trouvant en face de Richelieu.) Qu'avez vous fait de votre femme, Monsieur le Duc?

RICHELIEU.
Ma femme?.. tiens!.. c'est vrai...

MATIGNON, à part.
Bon! il a perdu sa femme!.. Si c'était elle qui l'eût perdu, je ne dis pas...   (Il remonte.)

RICHELIEU.
Elle regardait ses bijoux, et alors... Je vais la chercher.

LA DUCHESSE.
Non, demeurez... Mademoiselle de Nocé, la Princesse vous attend.

Mlle DE NOCÉ.
J'obéis, Madame... (Bas à Richelieu, en passant près de lui.) Ah! monsieur le Duc, ce n'est pas le tout d'être heureux à la Cour... il faut être discret! (A part, en sortant.) Courons prévenir la Princesse. (Richelieu la regarde avec surprise; elle sort; Matignon va pour la suivre.)

LA DUCHESSE.
Non, restez, Chevalier... vous êtes de la famille... Quant à monsieur le Baron...

UN HUISSIER, au fond.
Le Roi veut recevoir monsieur le grand Lévrier.

LA BARONNE, avec joie.
Ah! enfin!..

LE BARON, très agité.
Eh! vite, ma chère!.. le roi n'attend pas... (Bas.) Et surtout, ne parlez plus.
(Il lui donne la main.)

LA DUCHESSE, à part.
La veuve d'un Patin!.. pouah!

LA BARONNE.
Je vais voir le Roi, le grand Roi!.. Au revoir, la compagnie... Adieu, petit!.. (A part.) Je raffole de cet enfant-là, moi!.. (Ils sortent en se parlant.)

SCÈNE VII.

LE DUC DE RICHELIEU, LA DUCHESSE, MATIGNON.[**]

LA DUCHESSE, ne se retenant plus.
Et on épouse *ça*!.. et on présente *ça* à la Cour!

RICHELIEU.
Dam! *ça*... est joli.

LA DUCHESSE.
Hein?.. Mais il ne s'agit pas de (Appuyant) *ça*... Mon gendre, si vous étiez plus grand... (Mouvement de Richelieu.) Je vous dirais que les convenances, l'étiquette, le cérémonial, tout a été violé, outragé par vous, de la manière la plus malséante!

RICHELIEU.
Parce que la Princesse?..

LA DUCHESSE.
Monsieur le Duc... responsable envers le Roi de tout ce qu'elle dit, fait, pense et rêve, je suis toujours là, en face d'elle...

RICHELIEU.
Dieu! que ça doit être amusant!.. (Mouvement de la Duchesse.) pour vous!

LA DUCHESSE.
Je réponds de son honneur sur le mien!.. Aussi, j'ai failli m'évanouir, quand je l'ai vue vous prendre la main, vous baiser au front... Fi! mon gendre!

MATIGNON.
Fi! mon cousin!.

RICHELIEU.
Fi!.. fi!.. Ça m'a fait du bien, à moi.

LA DUCHESSE.
Vous appeler: ma petite poupée!..

MATIGNON, sévèrement.
Ah!.. ah!..

RICHELIEU.
Pourquoi pas?.. La poupée d'une princesse, ça doit être gentil.

LA DUCHESSE.
J'ai fait à la Princesse de respectueuses remontrances... je lui ai dit qu'une pareille familiarité donnerait lieu à des interprétations fort désagréables pour... monseigneur le Duc de Bourgogne.

MATIGNON, à part.
« Et la garde qui veille aux barrières du Louvre... »

LA DUCHESSE.
Si vous n'étiez pas un enfant sans conséquence...

RICHELIEU, relevant la tête.
Sans conséquence!

LA DUCHESSE, voulant s'éloigner.

C'est ce que vous comprendrez, à votre retour.

RICHELIEU, étonné.

Mon retour !.. Est-ce que je pars ?..

MATIGNON, à part.

Parbleu ! c'est bien plus drôle.

LA DUCHESSE.

Ce soir même, comme c'est convenu... Les équipages sont prêts, et je vais...

RICHELIEU.

Ah! diable!... (La retenant.) Permettez, belle-maman... (Il l'amène gravement sur le bord de la scène.) Vous avez fini... à mon tour, maintenant.

MATIGNON.

Une confidence !.. je sors...

RICHELIEU, le retenant, de même.

Du tout !.. Vous êtes de la famille... (Bas.) Et vous me soutiendrez... (Haut.) Ma noble belle-mère... hier au soir, mon gouverneur m'a annoncé que je serais marié aujourd'hui... Marié!.. Ce mot-là a produit sur moi un effet assez original, et je me suis couché là-dessus... J'ai rêvé... toutes sortes de choses... Ce matin, à huit heures, le contrat a été lu, en grande compagnie, à l'hôtel de Richelieu, et, à neuf heures, j'étais l'époux d'une belle personne... faite à votre image. (Bas à Matignon.) Ça ne peut pas mal faire.

MATIGNON, bas.

Petit flatteur !

LA DUCHESSE, minaudant.

C'est possible... Poursuivez.

RICHELIEU.

Après la lecture de l'acte, j'ai signé, sans la plus petite observation... La figure de mon père a le don de me fermer la bouche... c'est une faiblesse, dont je me déferai... n'importe... Mais, dans ce contrat, il y a un article qui ne me plaît pas du tout, et que nous allons biffer, à nous deux.

MATIGNON, à part.

Hein ?

LA DUCHESSE.

Qu'est-ce à dire ?.. La dot de ma fille...

RICHELIEU.

Est trop considérable... je l'aurais épousée sans cela.

LA DUCHESSE.

Les réserves que nous avons faites...

RICHELIEU.

Approuvé... je n'ai pas même écouté ce chapitre-là.

LA DUCHESSE.

Mais, enfin ?..

RICHELIEU, avec aplomb.

L'article 5 !..

LA DUCHESSE.

L'article 5 ?.. Mais je ne me souviens pas...

RICHELIEU.

Cherchez bien.

MATIGNON, à part.

Ceci devient intéressant.

LA DUCHESSE, se souvenant tout-à-coup et se récriant.

Ah !..

RICHELIEU.

Vous y êtes.

LA DUCHESSE.

Mais non... c'est impossible !..

RICHELIEU.

Ledit article 5 n'a pas le sens commun... ni celui qui l'a dicté, non plus.

LA DUCHESSE.

C'est moi !!

RICHELIEU.

Ah ! en ce cas... en ce cas... Parbleu! mon cousin, je vous en fais juge... Écoutez... j'en demande une seconde lecture.

MATIGNON.

Volontiers.

LA DUCHESSE.

Mais je ne puis...

RICHELIEU.

L'article, s'il vous plaît !..

MATIGNON.

Voyons, voyons.

LA DUCHESSE, se décidant.

« Article 5 : Aussitôt après le mariage, M. le Duc sera séparé, éloigné de la Duchesse; qu'il ne reverra qu'en présence de sa mère... et ce, jusqu'à ce qu'il ait atteint l'âge de vingt ans... » Eh! bien ?

RICHELIEU, avec assurance.

Voilà... Voilà ce qu'il faut biffer... et aujourd'hui... avant ce soir... N'est-ce pas, cousin ?

MATIGNON.

Plaît-il !..

LA DUCHESSE.

Horreur !..

MATIGNON, à part.

Diable de petit bonhomme !

LA DUCHESSE.

Mais non, j'ai mal entendu !..

RICHELIEU.

Biffons ! biffons !

LA DUCHESSE.

Mais y pensez-vous ?

RICHELIEU.

Si j'y pense !.. et solidement, encore !

LA DUCHESSE.

Vous n'avez que quinze ans !..

RICHELIEU.

Sur votre contrat, sur mon extrait de baptême... c'est possible... Mais, là et là... (Se touchant le cœur et la tête.) vingt ans, madame !

LA DUCHESSE.

O scandale !.. L'entendez-vous, Chevalier ?

MATIGNON.

J'entends parfaitement... (A part.) Eh mais ! il se révolte !

RICHELIEU, dont l'emportement va croissant.

Je suis marié, ou je ne le suis pas... Or, je le suis... Ma femme est jolie... Je l'aime, je l'adore depuis que je la connais... et aujourd'hui, cent fois davantage... Depuis ce matin, les idées me viennent, me viennent, me viennent !.. et je veux, je prétends être un mari... comme tous les autres.

LA DUCHESSE.

L'entendez-vous, Chevalier ?..

MATIGNON.

J'entends parfaitement.

LA DUCHESSE.

Mais parlez-lui donc !..

MATIGNON.

Que voulez-vous que je lui dise?

RICHELIEU.[*]

Il n'a rien à dire... Il m'approuve, en dedans, à cause de sa cousine... Cette pauvre Diane!.. J'aurais bien voulu vous voir, vous, belle-maman, si, le jour de votre mariage, on eût voulu envoyer M. le Duc de Noailles, votre illustre époux... se promener.

LA DUCHESSE.

Il y a été!..

RICHELIEU.

Votre illustre... Alors, voilà la différence... je reste!

LA DUCHESSE.

Mais c'est de la folie!

MATIGNON.

Eh! oui... de la folie.

RICHELIEU.

Hein?.. c'est comme ça qu'il me soutient?..

LA DUCHESSE.

Vous avez perdu la raison!

MATIGNON.

Certainement! (A part.) Ce n'est pas mon compte.

RICHELIEU.

Ah! tout le monde se met contre moi!.. Eh! bien! ça m'est égal... Je ne souffrirai pas une humiliation, une honte pareille!.. Non! non! palsambleu! ventrebleu!

LA DUCHESSE.

Il jure!

MATIGNON[**]

Il jure très bien.

RICHELIEU, marchant à grands pas.

Cela ne sera pas, maugrebleu!

LA DUCHESSE.

Il jure comme un laquais!

MATIGNON.

De mieux en mieux!

RICHELIEU.

Vous bifferez cet article!

LA DUCHESSE.

Je ne bifferai pas!

MATIGNON, à part.

Ça s'échauffe!

RICHELIEU.

Si! si!

LA DUCHESSE.

Non! non!.. (Au chevalier.) Soutenez-moi donc!

MATIGNON.

Non! non! non!

LA DUCHESSE.

Cent fois, non!

RICHELIEU.

Eh bien! c'est bon... (Gaîment.) J'enlève ma femme!

LA DUCHESSE.

Jour de Dieu!

RICHELIEU, riant.

Bon! elle jure aussi!

MATIGNON.

Que dit-il?

RICHELIEU.

J'enlève ma femme, je massacre mon gouver-

neur, je mets le feu à l'hôtel de Richelieu, et je m'en vais, dans une île déserte, jouir en paix des douceurs de l'hyménée... Voilà!

LA DUCHESSE, suffoquée.

Je... vous... je... Ah! la colère!.. la rage!.. Mais je parlerai au roi!.. je parlerai à madame de Maintenon!..　　　(Elle poursuit Richelieu.)

RICHELIEU, marchant.

Parlez au diable, si vous voulez!... mais, moi, je parlerai à ma femme.

LA DUCHESSE.

Je verrai monseigneur le duc de Bourgogne!

RICHELIEU, s'arrêtant.

Justement, madame la Duchesse m'attend à six heures.

LA DUCHESSE.

Vous n'irez pas!

RICHELIEU.

J'irai!

LA DUCHESSE.

Si vous osiez!.. si vous... si...

ENSEMBLE.

Air: Anathème! (de LA JUIVE.)

LA DUCHESSE.

Ah! je suis en colère!..
Mais que dire et que faire
Pour forcer à se taire
Ce petit insolent?
Pour dompter votre audace
Qui déjà nous menace,
Vous quitterez la place
Ce soir même, à l'instant!

RICHELIEU.

Comme elle est en colère!..
Ma chère belle-mère
Ne sait plus comment faire
Pour dompter... un enfant!
Mais j'aurai de l'audace:
Quoi qu'on dise et qu'on fasse,
C'est en vain qu'on me chasse,
Je serai triomphant!

MATIGNON.

Comme elle est en colère!..
La pauvre belle-mère
Ne sait plus comment faire
Pour dompter un enfant!
Car il a de l'audace,
Il s'emporte, il menace:
Il faudra qu'on le chasse,
Je le vois maintenant!

(La Duchesse sort exaspérée.)

SCÈNE VIII.

RICHELIEU. MATIGNON.

MATIGNON, se jetant dans un fauteuil et riant aux éclats.

Ah! ah! ah!

RICHELIEU, stupéfait.

Eh bien!.. qu'est-ce qu'il lui prend donc?

MATIGNON.

Ah! ah! ah!.. le pauvre innocent!

RICHELIEU.

Il se moque de moi!

MATIGNON.

Un mari... sans femme!.. un mari... pour rire!.. ah! ah! ah!

RICHELIEU.

Chevalier !..

MATIGNON, se levant.

Là, là, beau cousin, ne nous fâchons pas...
Je me suis retenu tant que j'ai pu... mais c'est
que tout à l'heure vous étiez si drôles tous deux...
— Vous bifferez... — Je ne bifferai pas ! — Ah !
ah ! ah !

RICHELIEU, se promenant et s'éventant avec son chapeau.

Elle biffera !.. Ou bien, morbleu !.. je bifferai
tout seul !

MATIGNON, à part.

Diable ! il me fait peur... Si je pouvais ?..

RICHELIEU.

D'abord, je suis amoureux !.. et puis, entêté !..

MATIGNON.

Madame de Noailles l'est aussi.

RICHELIEU.

Et moi donc !.. Comme mon grand-oncle le
Cardinal.

MATIGNON.

D'un autre côté, ma cousine a trois ans et la
tête de plus que vous... et peut-être qu'en jetant
un coup-d'œil sur votre petite taille...

RICHELIEU.

Eh ! monsieur !..

MATIGNON.

Je ne serais pas étonné qu'un peu de dédain
de sa part...

RICHELIEU.

Du dédain... pour moi !..

MATIGNON.

J'en ai peur... et, à votre place...

RICHELIEU, vivement.

Qu'est-ce que vous feriez?

MATIGNON.

Moi ?.. je... (S'arrêtant.) Mais, non, vous ne
comprendrez pas...

RICHELIEU.

Allez toujours !.. je comprends tout... excepté
le latin.

MATIGNON.

Eh bien ! je me dirais... On m'éloigne de ma
femme... Ma foi ! tant pis !.. il y en a d'autres.

RICHELIEU, lui saisissant vivement le bras.

J'y pensais !

MATIGNON.

Bravo !.. Voilà un mot qui m'annonce que
vous profiterez de mes leçons.

RICHELIEU.

Alors, vous serez plus heureux que l'abbé,
vous.

MATIGNON, avec fatuité.

Ah ! c'est que, mon petit cousin, je suis le plus
grand mauvais sujet de la cour.

RICHELIEU, à part, le regardant.

De taille, c'est possible... Mais les petits grandiront... s'il plaît à Dieu.

MATIGNON, le ramenant à lui.

Les femmes, voyez-vous, il faut les mener...
rondement.

RICHELIEU.

Très rondement... j'ai fait des études là-dessus.

MATIGNON.

Déjà ?.. Il faut dire à toutes qu'on les aime.

RICHELIEU.

A toutes !.. c'est beaucoup... Mais, bah ! ça
doit être amusant.

MATIGNON.

Nous avons, pour cela, les déclarations verbales... et les lettres.

RICHELIEU, très attentif.

Ah ! oui-dà ?

MATIGNON.

Ceci dépend de l'âge... De quinze à vingt-
cinq ans, on écrit... de vingt-cinq à quarante, on
parle.

RICHELIEU.

Ah ! ah !.. Ainsi, moi, je suis...

MATIGNON.

Dans l'âge des déclarations écrites.

RICHELIEU, se grattant l'oreille.

Ah ! diable !... C'est que, pour écrire à une
femme, il faut tant de qualités !..

MATIGNON.

Trois... Un peu d'amour...

RICHELIEU.

J'en aurai.

MATIGNON.

Beaucoup d'adresse...

RICHELIEU.

J'en ai.

MATIGNON.

Et suffisamment d'orthographe.

RICHELIEU.

J'en... (Se reprenant) Ah ! il faut de l'orthographe ?..

MATIGNON.

Oh ! quand on la sait.

RICHELIEU.

Et quand on ne la sait pas ?

MATIGNON.

On s'en passe.

RICHELIEU.

Alors, j'y suis... ça met l'écriture à la portée
de tout le monde.

MATIGNON.

Et, tenez... si vous étiez bien sage... je vous
montrerais, comme modèle, un petit billet...

RICHELIEU, se rapprochant vivement.

Que vous avez écrit ?..

MATIGNON.

Ce matin.

RICHELIEU, voulant regarder.

A qui ?

MATIGNON, lui dérobant le billet.

Un instant !.. (Enlevant l'enveloppe.) Il est inutile que vous le sachiez... (D'un air goguenard.)
C'est à une nouvelle mariée... (A part.) Pauvre
garçon !

RICHELIEU.

A une nouvelle mariée?.. attendez donc...
À madame Patin !..

MATIGNON.

Miséricorde ! madame de Belle-Chasse !.. Est-
ce que vous la trouvez bien ?

RICHELIEU.

Moi ?.. je trouve toutes les femmes très bien...
Donnez. (Il ouvre le billet.)

MATIGNON, à part.

J'ai envie de le lancer après la femme du Lévrier...

RICHELIEU, lisant.

« Toute belle... » Pas de nom ?..

MATIGNON.

Jamais... on peut changer d'idée.

RICHELIEU.

Et à la fin ?.. « Votre esclave !.. »

MATIGNON.

Toujours... ça va à toutes les tailles.

RICHELIEU.

Et ça n'engage à rien. (Lisant.) « Toute belle!
»Je vous ai trop long-temps admirée, pour ne pas
»vous aimer; je vous aime trop, pour ne pas vous
»le dire... Mon cœur pour un regard ! ma vie
»pour un mot ! mon sang pour une promesse!..»

SCÈNE IX.

LES MÊMES, LE BARON, LA BARONNE.[*]

LA BARONNE, de mauvaise humeur, et traversant la
galerie.

Partons, Baron, partons !..

LE BARON, de même.

Vous avez trop parlé !

MATIGNON, à Richelieu, vivement.

Quelqu'un!.. Mon billet!..

RICHELIEU, le mettant dans sa poche.

Soyez tranquille... (A part.) Je le garde !

LA BARONNE, entraînant le Baron.

Je ne resterai pas ici... partons!

MATIGNON, les arrêtant.

Eh! Baronne, quelles nouvelles ?.. l'accueil
que le Roi vient de vous faire?..

LA BARONNE.

Oui, il a été joli, l'accueil !.. parlons-en.

LE BARON.

Non, n'en parlons pas... c'est assez comme ça.

RICHELIEU.

Mais, encore... qu'est-ce que c'est, madame
Patin?..

LA BARONNE, descendant.[**]

Ah ! c'est vous, mon mignon !.. Vous pouvez
vous vanter d'être pour quelque chose dans l'ava-
nie en question.

RICHELIEU.

Moi ?..

LE BARON.

Vous... ou votre belle-mère... la Noailles.

MATIGNON.

Comment cela?

RICHELIEU.

Expliquez-vous.

LA BARONNE, se décidant.

Ah bah!.. Au fait, tout le monde l'a vue... Deux
de plus qui en riront...

RICHELIEU.

Le Baron a fait rire?

LE BARON.

Sourire... Rentrons.

LA BARONNE.

D'abord, il s'avance, la tête haute, les yeux au
plafond... si bien que, naturellement, il ne voyait
pas ses pieds... qui s'embarrassent dans ma
queue... moi, je tire, il va toujours, et mon baron de...   (Elle achève du geste.)

RICHELIEU, riant.

Bah! vraiment ?.. il a...

[*] Richelieu, Matignon, la Baronne, le Baron.
[**] Richelieu, le Baron, la Baronne, Matignon.

LE BARON.

Très peu, très peu... personne ne s'en est
aperçu... Rentrons!

MATIGNON et RICHELIEU.

Attendez...

LA BARONNE.

Je n'y suis pas... Sa Majesté... Ah ! qu'il est
vieux, le Roi !.. et l'autre aussi, la vieille!.. C'est
bien déjeté, c'te cour-là.

(Ils reprennent tous leur sérieux.)

MATIGNON.

Chut!*

LE BARON.

Allons! bien!.. elle va me faire mettre à la
Bastille, à présent!

LA BARONNE.

Sa Majesté lui adresse la parole, et lui dit... je
ne sais plus quoi... à son grand Lévrier... Et savez-vous ce qu'il lui répond, lui?

LE BARON, éclatant.

Eh! mordieu! madame, j'en suis fier, de ce que
j'ai répondu... Il ne faut pas croire qu'il n'y ait
qu'un enfant qui puisse répondre à Sa Majesté!

RICHELIEU.

Mais, après?

LA BARONNE.

Il répond, en regardant la vieille, la Maintenon, presque aux côtés du Roi... «Sire, votre
grand Lévrier pourra se vanter toute sa vie d'a-
voir regardé en face, à la même heure, le soleil...
et la lune !

MATIGNON et RICHELIEU, étouffant de rire.

Oh! oh! oh!**

LA BARONNE, les regardant, en riant aussi.

Tenez! juste comme Sa Majesté!.. Il faisait une
grimace... épouvantable!.. Il est très laid quand
il rit... Et la vieille!.. elle se mordait les lèvres...
elle est vexée... elle vous fera perdre votre emploi dans les chiens, et ce sera bien fait!.. Si vous
m'aviez laissé parler... ah! ah!

LE BARON.

Eh! je vous dis qu'ils étaient très flattés, inté-
rieurement, tous les deux.

RICHELIEU.

Le soleil et la lune?

LE BARON.

Mais madame de Noailles, qui a la rage de se
fourrer partout, est venue dire je ne sais quoi à
l'oreille de madame de Maintenon... qui l'a re-
porté à l'oreille du Roi... qui a froncé le sourcil,
en disant avec colère : le petit Richelieu!..

RICHELIEU.

Il a dit?..

LA BARONNE.

Et il s'est levé... c'est-à-dire, on l'a levé... et
il a fait encore une grimace, mais dans un autre
genre... Aïe!.. Je le crois très mal hypothéqué,
le grand Roi... Alors, en se retournant vers mon
époux, il lui a dit... Qu'est-ce qu'il vous a dit?

LE BARON.

« M. de Belle-Chasse, allez donc montrer vos
terres à madame la Baronne... vous pourrez y
admirer les astres. »

LA BARONNE.

Cette bêtise!.. Comme si la lune n'était pas
partout!

[*] Richelieu, la Baronne, Matignon, le Baron.
[**] Matignon, Richelieu, la Baronne, le Baron.

RICHELIEU.

Mais enfin, la Duchesse de Noailles... Ah! la voici.

SCÈNE X.

LES MÊMES, Mme DE NOAILLES, DEUX LAQUAIS. dans la galerie.*

LA DUCHESSE.

M. le Duc de Richelieu... mon gendre... votre précepteur vous attend dans votre carrosse, cour de la Chapelle.

RICHELIEU.

Qu'est-ce qu'il me veut, mon précepteur?

MATIGNON, à demi-voix.

Peut-être, vous apprendre l'orthographe.

RICHELIEU, de même.

Il ne la sait pas.

LA BARONNE, de même.

Bah! qui est-ce qui la sait?

LA DUCHESSE.

Il veut partir avec vous.

RICHELIEU.

Partir!..

LA DUCHESSE.

A l'instant même... c'est l'ordre du Roi.

RICHELIEU.

Madame!.. madame!.. c'est affreux, cela!.. Vous ne savez pas...

LA DUCHESSE.

Il est six heures, on vous attend.

RICHELIEU, frappé d'un souvenir.

On m'attend!.. En effet, oui, la Princesse, à x heures!.. elle me l'a dit, et j'y cours.

LA DUCHESSE.

M. le Duc, cela ne se peut pas!..

RICHELIEU.

Ah! belle-maman, vous êtes de la cour... vous savez qu'on ne peut faire attendre une Princesse, qui est belle, qui est bonne... qui m'aime et qui me protége.

LA DUCHESSE.

M. le Duc!.. je vous défends!..

LA BARONNE.

Oh! le petit démon!

RICHELIEU.

Adieu! adieu!.. (Il va pour sortir, et se trouve en face de Diane et de Mlle de Nocé qui entrent.) Ma femme!..

SCÈNE XI.

LES MÊMES, DIANE, Mlle DE NOCÉ.**

RICHELIEU, bas, à la Duchesse, avec ironie.

C'est ma femme!

DIANE, d'un air dédaigneux, et cependant un peu émue.

Monsieur le Duc... Madame de Bourgogne vient de me faire appeler. « Diane, m'a-t-elle dit, j'ai promis à M. de Richelieu... (Avec effort.) votre mari... un cadeau qui lui convint... C'est vous que je charge de le lui remettre de ma part. »

RICHELIEU, à part.

Tiens! ce n'est pas la même chose.

DIANE, lui remettant une boîte élégante.

Le voici.

RICHELIEU, la prenant.

Cela?..   (Diane passe à gauche.)*

MATIGNON, s'approchant de Richelieu.

Qu'est-ce donc?

RICHELIEU.

Ah!... voyons!

LA DUCHESSE.

Quelle inconséquence!.. N'ouvrez pas, M. le Duc!.. vous ne pouvez, sans l'ordre du Roi...

RICHELIEU.

Laissez donc!.. (Ouvrant la boîte.) Je verrai... Ciel!...

(Il reste stupéfait et comme anéanti, tenant la boîte ouverte.)

MATIGNON.

Des dragées!..

TOUS.

Des dragées!..

ENSEMBLE, à voix basse.

Air : Il ne peut s'en défendre. (LE DUC ET LA BAYADÈRE.)

> O surprise nouvelle!..
> On vit présent plus beau;
> Mais tout ici révèle
> Le sens d'un tel cadeau.

(La musique continue piano jusqu'au couplet suivant)

LA DUCHESSE, d'un air triomphant.

Oh! noble Princesse! grande Princesse!.. digne petite-fille de Louis XIV!.. Quel esprit de convenance!.. Des dragées!..

LE BARON, riant.

Ah! ah! ah!... (Richelieu le regarde en face, et le Baron cesse de rire.) Voilà les dragées les plus spirituelles de la monarchie.

LA BARONNE.

Bien tapé! bien tapé!

MATIGNON, s'approchant de Richelieu, toujours immobile, prenant une dragée et la mangeant.

Elles sont excellentes.

LA BARONNE, même jeu.

Parfaites.

LA DUCHESSE, même jeu.

Délicieuses.

LE BARON, même jeu. Richelieu ferme, avec colère, la boîte et lui pince les doigts.

Aïe!.. Exquises.

LA DUCHESSE, avec ironie.

Air : Bouton de rose.

> C'est, d'un baptême,
> Quelque boîte qui lui restait.

MATIGNON, souriant.

> Ou plutôt c'est, aujourd'hui même,
> Une avance qu'elle vous fait...
> Pour le baptême.

TOUS; rire étouffé.

Ah! Ah! Ah! (Richelieu jette un coup-d'œil sur Diane, qui le regarde avec dédain. Tous les personnages, excepté Diane et Mlle de Nocé, remontent un peu.)

RICHELIEU.

Devant elle!.. ah!

---

* Matignon, la Baronne, Richelieu, la Duchesse, le Baron.

** Matignon, la Baronne, Diane, Richelieu, la Duchesse, le Baron. — Mlle de Nocé, deuxième plan.

* Diane, la Baronne, Matignon, Richelieu, la Duchesse, le Baron, Mlle de Nocé.

Mlle DE NOCÉ, bas à Richelieu, avec bonté.

Voilà où mène l'indiscrétion !

RICHELIEU, lui prenant la main, à part.

Ah ! je m'en souviendrai. (Il pleure.)

LA DUCHESSE.

Qu'on fasse avancer le carrosse de M. le duc de Richelieu ! (Un des laquais présente à Richelieu son chapeau et prend la boîte de dragées.) Mon gendre, rejoignez M. l'abbé, votre précepteur. (S'approchant, et tout bas.) Je doute qu'il vous donne jamais une meilleure leçon.

(Musique à l'orchestre, jusqu'à la fin de la scène.

Air du MARIAGE DE FIGARO.)

MATIGNON, s'approchant.

Bon voyage, cousin !..

(Il offre la main à Mlle de Nocé et sort au fond.)

LE BARON, même jeu.

Enfant gâté !..

LA BARONNE, même jeu.

Petit gourmand!.. (S'interrompant.) Des larmes! Fi donc !..

(Le Baron lui donne la main, ils sortent.)

RICHELIEU.

Oui, des larmes de rage !..

LA DUCHESSE.

Faites vos adieux à votre femme...

(Il s'approche de Diane, lui prend la main, qu'il baise en la regardant avec émotion, et se retrouve en face de la duchesse.)

RICHELIEU, à part.

Je ne partirai pas !

LA DUCHESSE.

Je vous permets de m'embrasser...

(Richelieu met son chapeau sur sa tête, la laisse, le col tendu, et sort brusquement. Un domestique pose un candélabre sur la table, et ferme les trois portes du fond.)

SCÈNE XII.

LA DUCHESSE, DIANE*.

LA DUCHESSE, courroucée.

Vous êtes émue, Diane !..

DIANE.

Oui... mais de colère et d'indignation !.. Ah ! ma mère, vous m'avez donné un mari...

LA DUCHESSE.

Un beau nom !.. Voilà comme était M. le Duc, mon époux, quand il partit... mais cinq ans après... il était superbe !

DIANE.

Cinq ans, ma mère !.. et j'en ai dix-huit !.. et je suis entourée d'hommages, recherchée par tout ce qu'il y a de plus brillant à la cour !..

LA DUCHESSE.

Du courage, ma fille !.. Songez à ce que vous devez au rang des Noailles.

DIANE.

Un mari, devenu déjà le jouet de la cour ! la fable de Versailles !.. dont on rit, dont on se moque !.. à qui l'on offre, non une charge à la cour, non un régiment, mais une boîte de dragées !.. Ah ! s'il était resté... je me serais vengée !

LA DUCHESSE.

S'il était resté !.. Ma fille, vous n'auriez pas

* Diane, la Duchesse.

oublié ce que vous nous devez à tous... Allons, rentrez chez vous, faites vos prières et... (L'embrassant au front.) bonne nuit, ma fille !..

DIANE, soupirant,

Bonne nuit, ma mère !

LA DUCHESSE, ouvrant la petite porte à gauche.

Je passe chez la Princesse, par les petits appartemens... Adieu, ma fille.

DIANE.

Adieu, ma mère. (La Duchesse sort, Diane s'assied à droite.) Son carrosse vient de partir... tant mieux !

SCÈNE XIII.

RICHELIEU, DIANE.

RICHELIEU, passant la tête à la porte du fond.

Elle est seule !

DIANE.

Je l'oublierai, comme tout le monde... Il avait l'air si ridicule !.. Ah ! j'en mourrai de dépit !

RICHELIEU, avançant doucement.

Allons ! allons !.. elle paraissait émue, quand elle m'a vu pleurer... (Montrant le cœur.) Il y a quelque chose là... il ne s'agit que de... Allons donc !.. (Toussant.) Hum ! hum !

DIANE, se levant, effrayée.

Ah !.. quelqu'un !

RICHELIEU, accourant près d'elle.

N'ayez pas peur !.. c'est moi.

DIANE.

Ô ciel !.. M. le Duc !

RICHELIEU.

Dites : votre mari !

DIANE, troublée.

Comment se fait-il, lorsque M. l'abbé vous attendait dans votre carrosse...

RICHELIEU.

Il doit être loin, s'il court toujours, mon carrosse... c'est-à-dire, l'abbé... je les ai fait partir, l'un portant l'autre.

DIANE.

Et que voulez-vous, monsieur ?.. que venez-vous faire ici ?

RICHELIEU.

Eh ! quoi ! ce que je viens... Je viens vous prier de m'entendre, de nous entendre pour me venger !.. de vous mettre avec moi, contre tout ce monde qui était là... Matignon, qui est un fat... le Baron, qui est un sot... la Princesse, qui m'a humilié... ma belle-mère, que je déteste !..

DIANE.

Monsieur le Duc !..

RICHELIEU, se reprenant.

Non, non, je ne la déteste pas !.. pourvu que vous m'aimiez un peu... Dame !.. je suis votre mari.

DIANE.

Un enfant...

RICHELIEU.

Et je vous aime !..

DIANE, riant.

Vous ?.. ah ! ah ! ah ! comme un enfant,

RICHELIEU.

Comme un mari !

DIANE, riant plus fort.

Comme un enfant !

RICHELIEU, frappant du pied.

Comme un mari, ventrebleu !

DIANE.

Ah ! Dieu !.. Sortez, monsieur.

RICHELIEU.

Tout de suite, avec vous !.. partons, rentrons chez nous, ma chère amie.

DIANE.

Laissez-moi !.. Je vais appeler ma mère.

RICHELIEU *.

Oh ! non, par pitié !.. n'appelez pas !

DIANE, avec dédain.

Au fait, qu'ai-je à craindre... d'un enfant ?

RICHELIEU.

Encore !.. Oh ! non, je le sens bien, à ce que j'éprouve ici, près de vous... mon cœur bat, mes yeux se troublent... je sens que je vous aime avec idolâtrie, avec passion, avec colère !.. Je suis un homme... parole d'honneur !.. Et pour me consoler de partir, il me faudrait...

DIANE.

Des dragées, peut-être...

RICHELIEU.

Ah ! c'en est trop !.. Je suis votre époux, votre maître !.. j'ai des droits... des droits très étendus... Oui, riez, riez !.. J'ai ma dignité d'homme, que diable !.. il y va de mon honneur... Et malgré vos rires, je veux, je prétends, j'exige, j'ordonne...

DIANE, passant tout-à-coup du rire au ton sévère.

Monsieur le Duc !.. pour un gentilhomme de votre taille, vous parlez bien haut !

RICHELIEU.

Eh bien ! non, je n'exige rien, je n'ordonne pas... je prie, je supplie.

Air : Pitié, madame. (Loïsa Puget.)

Ah ! de mon âme,
S'échappe un cri :
Pitié, madame,
Pour un mari !..
Mais, vous devenez plus sévère !..
Ce mot de mari, triste et froid,
Loin d'exprimer une prière,
Vous semble renfermer un droit.
Eh bien ! je change de langage ;
J'abjure ce titre d'époux :
Plus de serment qui vous engage,
Et je vous dis, à deux genoux :
Maîtresse ou femme,
En ce moment,
Pitié, madame,
Pour un amant !

(Il tombe à ses genoux.)

DIANE, d'abord émue, reprend un air de dédain, le regarde en souriant, puis :

Relevez-vous donc, enfant... votre précepteur vous gronderait.

(Elle sort, laissant Richelieu à genoux.)

SCÈNE XIV.

RICHELIEU, seul.

(Il se relève, essuie ses genoux avec son mouchoir et jette au loin son chapeau.)

Va-t'en au diable !.. (Marchant à grands pas et

dans la plus violente agitation.) Ah ! je suis d'une fureur !.. Oh ! la vengeance ! la vengeance !.. j'en suis altéré !.. Ma femme... ma femme est une bégueule !.. Eh bien !.. comme disait Matignon, il y en a d'autres !.. (S'adressant à la porte) Oui, oui, il y en a d'autres, beaucoup d'autres !.. et dès ce moment... c'est fini, c'est juré, par mon grand-oncle le cardinal... Je leur déclare la guerre à toutes, et pour commencer... (S'arrêtant.) Diable ! pour commencer, comment faire ?.. Ah ! Matignon me l'a dit... écrire... écrire une lettre, deux, trois, vingt lettres... toutes brûlantes, incendiaires !.. (Réfléchissant.) Oui, mais quelle femme ?.. Eh ! morbleu ! qu'est-ce que ça me fait ?.. La première venue, la première qui me tombera sous la main...

MATIGNON, dans la galerie du fond, sans être vu.

Je souhaite une bonne nuit à Mlle de Nocé.

RICHELIEU, écoutant.

Mlle de Nocé ?.. celle qui, tantôt, ici... Jolie, et fille d'honneur !.. Elle doit avoir un amant... ça sera deux... pour une fille d'honneur, ce n'est pas trop... Et d'une !.. (Il va pour écrire.) Mais que lui dire ?.. (Frappé d'une idée.) Ah ! j'ai mon affaire !.. (Tirant le billet de Matignon.) « Ma toute belle et votre esclave !.. » C'est élastique, comme dit encore Matignon, ça va à tout le monde... (Écrivant.) Signé, Richelieu. (Il met la lettre sous enveloppe.) C'est plutôt fait. (Écrivant la suscription.) A Mlle de Nocé... Et allons donc !

LE BARON, au fond sans être vu.

Venez, Baronne, rentrons.

RICHELIEU, gaîment.

Bon !.. la Baronne !.. la veuve Patin !.. Tiens ! pourquoi pas ?.. elle est jolie aussi... et puis, elle a un mari... (Souriant.) Un mari !.. j'ai dans l'idée que ce doit être plus drôle... Oh ! les maris !.. puisque je ne peux pas en être, je leur jure une guerre à mort !.. Va donc pour la Baronne, et de deux !.. (Il s'assied.) Oh ! celle-là, je vais lui détacher une épître !.. Je suis tranquille, nos orthographes doivent avoir de grands rapports... Je veux être insolent, impertinent, effronté... Il faut les mener rondement, ces petites femmes !.. (Il écrit.) « Cher ange... » (Écrivant toujours.) Je ferai voir à ma belle-mère et à ma femme, si je suis un enfant !.. à ma femme surtout... Je veux qu'elle enrage, qu'elle soit jalouse, qu'elle soit... tout ce qu'il est possible d'être, enfin !.. (Se levant.) Car, je suis lancé, et l'on ne m'arrêtera pas !.. A moi, toutes les femmes !.. (Vivement.) Excepté ma belle-mère... Toutes à la fois ! si elles veulent... rafle générale !.. Je suis si en colère !

Air : La trompette guerrière. (Robert-le-Diable.)

A moi, toutes les femmes !..
Subissez mes lois :
J'ai le cœur plein de flammes
Pour soixante à la fois !
Pour toutes à la fois !
Ah ! la belle existence !
Quel destin ! quel avenir !
Aujourd'hui je commence,
Pour ne jamais finir !
Non, je ne veux jamais finir !..

L'amour m'appelle !
Je veux, semblable au papillon léger,

A chaque belle
Être fidèle,
Un jour, une heure, et puis changer,
Voltiger!
A moi, toutes les femmes! etc.

VOIX DE LA DUCHESSE.

Bonsoir, mes demoiselles...

(Musique jusqu'à la fin.)

RICHELIEU.

Dieu!.. ma belle-mère!.. je suis pris!.. Où me fourrer?.. où... Ah!.. (Il souffle les bougies et se blottit derrière la table, à droite. — Nuit.)

SCÈNE XV.

RICHELIEU, LA DUCHESSE.

LA DUCHESSE, rentrant par la porte dérobée et portant un bougeoir.

Mme de Maintenon ne me reprochera pas de manquer de surveillance.

RICHELIEU, à part.

Tiens! une petite porte inconnue!..

LA DUCHESSE.

Et, d'abord, la porte de ce corridor, qui conduit au boudoir de la Princesse, et dont la clé ne me quitte jamais...

RICHELIEU.

L'appartement des filles d'honneur, peut-être!.. (Avec exclamation.) Oh!..

LA DUCHESSE, se retournant vivement.

Hein?.. j'ai cru entendre!..

(Elle court au fond, écoute, regarde. Richelieu quitte furtivement sa cachette et se jette dans le corridor par la porte, restée ouverte.)

RICHELIEU, à part et derrière la porte.

Ah! tu ne veux pas biffer l'article 5!..

LA DUCHESSE, rassurée et fermant à clé la porte du corridor.

Tout est parfaitement en ordre.

(Le rideau baisse.)

FIN DU PREMIER ACTE.

ACTE II.

La scène est à l'hôtel du duc de Richelieu. Le théâtre représente un boudoir élégant. Grande entrée au fond; petites portes à droite et à gauche, sur le premier plan; entrées des appartemens à droite et à gauche, dans le fond. Une toilette à droite, un sopha à gauche.

SCÈNE I.

DUBOIS, MERLAC, MICHELIN, UN CARROSSIER; puis, LE CHEVALIER DE MATIGNON.*

DUBOIS, entrant par la droite.

Patience, messieurs!.. Monseigneur descend de son lit et passe sa robe de chambre.

MERLAC.

En attendant, je vais tout préparer pour le coiffer.

LE CARROSSIER.

Je lui apporte son mémoire.

MICHELIN.

Je viens recevoir ses ordres.

DUBOIS.

C'est bien.

MERLAC, le prenant à part.

Dites donc, monsieur Dubois, est-ce vrai, ce qu'on dit: que le Roi a défendu à M. le Duc de quitter son hôtel?

DUBOIS.

Qu'est-ce que ça te fait, à toi?

MICHELIN, s'approchant.

M. Dubois, comment Mme la Duchesse a-t-elle trouvé sa chambre à coucher?

DUBOIS.

Elle ne l'a pas vue.

(Il va parler au carrossier.)

MICHELIN, à Merlac.

Ah! bah!.. depuis huit jours qu'elle est mariée!..

MERLAC.

A un enfant.

MICHELIN.

Ah! bah! est-ce que... non?

MERLAC.

Eh! non, mon cher.

MICHELIN.

Qu'est-ce qu'il fait donc, tout seul, dans ces jolis boudoirs?

MERLAC, ricanant.

Il apprend l'orthographe, par ordre du roi.

DUBOIS, venant à eux.

Messieurs! Messieurs!..

MATIGNON, entrant.*

Le chevalier de Matignon... on est visible pour moi.

DUBOIS.

M. le Chevalier...

MATIGNON.

Il dort, n'est-ce pas?.. Parbleu! ces maris n'en font pas d'autres... (A part.) Surtout les maris... garçons. (Il s'assied sur le sopha en riant.) C'est bon, j'attendrai... (Les autres personnages causent au fond. Matignon continue à part.) Ah! mon petit cousin, vous faites déjà scandale!.. Très bien!.. cela me va... cela m'arrange... Diane est piquée au vif...

Air: Qu'il est flatteur d'épouser celle, etc.

Le dépit fait naître en silence
La colère, qui, par bonheur,
Conduit tout droit à la vengeance,
Et la tête emporte le cœur.
Le scrupule bientôt succombe;
La vertu, prompte à se lasser,
Fait un faux pas, chancelle, tombe...
Et je suis là pour ramasser...

RICHELIEU, en dehors.

Dubois!

* Merlac, Dubois, le Carrossier, Michelin.

* Matignon, Dubois, les autres dans le fond.

DUBOIS.

Voici monseigneur.

MATIGNON.

Chut !.. le voici !

SCÈNE II.

LES MÊMES, RICHELIEU. *

RICHELIEU, entrant par la première porte à droite, en robe de chambre et tout débraillé.

Dubois ! Dubois !.. (S'arrêtant au milieu du théâtre, et bâillant en étendant les bras.) Ah !..

MATIGNON, à part, toujours assis.

Il n'a pas grandi d'une ligne.

RICHELIEU, se tournant vers les fournisseurs.

Qu'est-ce que c'est que toute cette canaille-là, Dubois ?

DUBOIS.

Votre perruquier, monseigneur.

RICHELIEU.

Ah ! ah ! ce bavard... qu'il attende... Et cet autre imbécille, couleur lie de vin ?..

DUBOIS.

Le carrossier, qui désire savoir...

LE CARROSSIER.

Quand M. le Duc voudra bien solder mon mémoire.

RICHELIEU.

Vous êtes bien curieux, mon cher !.. (A Michelin.) Toi, là-bas ?.. (A part.) Une bonne tête.

DUBOIS.**

Il s'agit des glaces du nouveau boudoir, que monseigneur fait meubler.

RICHELIEU.

Ah ! c'est donc le tapissier ?

MICHELIN, s'avançant.

Michelin... son premier commis et son gendre.

RICHELIEU.

Ah ! tu viens de te marier aussi, toi ?

MICHELIN.

Mais oui, monseigneur... tout-à-fait.

RICHELIEU.

En ce cas, tu es plus avancé que moi... Et ta femme ?..   (Il regarde Dubois.)

DUBOIS.

Charmante, monseigneur.

RICHELIEU.***

Ah ! madame Michelin est jolie ?.. je passerai par là, un de ces jours... Dubois, tu prendras l'adresse de ce brave homme... (A part.) Une excellente tête... je disais bien.

MATIGNON, à part.****

Le fat !

RICHELIEU.

Eh ! c'est Matignon !.. Bonjour, mon cher, bonjour... Je ne vous voyais pas.

MATIGNON, se levant.

Je vous regardais.

RICHELIEU, à part.

Parbleu ! je le savais bien... (Congédiant les gens et les chassant avec son mouchoir.) Allez, braves gens, allez... (A Merlac.) Attends mes ordres... faquin !..   (Ils sortent.)

* Matignon, Richelieu, Dubois, les autres au fond, à droite.
** Matignon, Richelieu, Dubois, Michelin.
*** Matignon, Dubois, Richelieu, Michelin.
**** Matignon, Richelieu, Dubois, Michelin.

MATIGNON.

Bravo ! mes complimens !.. J'ai vu dans tout son éclat le vieux Lauzun, et il m'a semblé un instant...

RICHELIEU.

Vraiment ?.. (Lui serrant la main.) Ça me fait plaisir... Il était beau, hein ?

MATIGNON.

A miracle !.. Aussi, mademoiselle de Montpensier... une Princesse...

RICHELIEU, vivement.

Oh ! des princesses !.. il y en a encore.

MONTIGNON,

Il y en aura toujours... (L'observant.) Mais Lauzun n'était pas marié.

RICHELIEU.

Est-ce que je le suis ?

MATIGNON.

Mais votre femme ?..

RICHELIEU, lui tournant le dos.

Mauvais plaisant !

MATIGNON.

Comme je le disais à madame de Noailles : Vous avez beau faire... Richelieu s'échappera de son hôtel, malgré les ordres du roi...

RICHELIEU.

C'est possible.

MATIGNON.

Il trompera la surveillance de son gouverneur...

RICHELIEU.

Je l'ai déjà grisé trois fois.

MATIGNON.

Il viendra chez sa belle-mère...

RICHELIEU.

Non !

MATIGNON.

Il se glissera près de sa femme...

RICHELIEU.

Non !

MATIGNON.

Il lui demandera grâce...

RICHELIEU.

Non !

MATIGNON.

Et, ma foi, il obtiendra...

RICHELIEU.

Non ! non ! non ! mille fois, non !.. je l'ai mis dans ma tête... J'ai l'article 5 sur le cœur !..

Air : Vaudeville du Baiser au porteur.

C'est une barrière fatale
Élevée entre deux époux,
Et de la chambre nuptiale
La porte est fermée entre nous...
Ma belle-mère a poussé les verroux.
(Avec force.)
Cette porte, odieuse, infâme,
Je pourrais bien la briser, la franchir !..
(Souriant.)
Je trouve plus doux que ma femme
Vienne elle-même me l'ouvrir.

Aussi, je n'irai pas !.. et à moins qu'elle ne vienne elle-même, à moi... ici... dans mon hôtel...

MATIGNON, riant, à part.

Ah ! ah ! ah !.. Bien !

* Matignon, Richelieu.

RICHELIEU.

Oui... me demander grâce...

MATIGNON, de même.

Ah! ah! ah!.. très bien!

RICHELIEU.

Je tiendrai bon!

MATIGNON.

Je vous en défie.

RICHELIEU.

Vous m'en défiez?.. Eh bien! mille louis?..

MATIGNON.

Mille louis!.. soit. (A part.) Parbleu! quoi qu'il arrive, je suis toujours sûr de gagner.

RICHELIEU.

Oui, je tiendrai bon!.. et Mlle de Noailles... car ce n'est toujours que Mlle de Noailles... saura que l'on peut fort bien se passer d'elle.

MATIGNON.

Bravo! (A part.) Elle se passera de toi aussi, va.

RICHELIEU.

Et s'il faut que le bruit de mes bonnes fortunes...

MATIGNON.

Elle n'y croira pas.

RICHELIEU.

Je les publierai si haut!..

MATIGNON.

Elle en rira... comme l'autre jour, chez madame de Mouchy, où l'on racontait l'aventure arrivée chez madame la Duchesse de Bourgogne... Eh mais! tenez, le jour même de votre mariage!

RICHELIEU.

Quelle aventure?.. contez-moi donc ça.

MATIGNON.

Laissez donc!.. vous savez...

RICHELIEU.

Moi?.. je ne sais rien... Eh bien! la Duchesse de Bourgogne?..

MATIGNON.

La Duchesse de Bourgogne... passant de sa chambre en son boudoir, pousse un cri de terreur...

RICHELIEU.

Ah! mon Dieu!.. elle avait vu?..

MATIGNON.

Un homme!

RICHELIEU, souriant avec satisfaction.

Ah! c'était un... Après?

MATIGNON.

Il était blotti dans un coin... et cherchait à se cacher sous les rideaux.

RICHELIEU.

Voyez-vous ça!

MATIGNON, prenant la voix de femme.

« Au secours! un homme est ici!.. » Aux cris de la Princesse, les filles d'honneur, couchées près de là, se lèvent et accourent, dans le simple appareil... et même mieux que cela...

RICHELIEU.

Vrai?.. ce devait être gentil... Continuez donc.

MATIGNON.

Le coupable est entouré, saisi par cet essaim de nymphes...

RICHELIEU.

Toujours dans le simple appareil... et même mieux que cela?..

MATIGNON.

Lorsque Mme de Noailles arrive, suivie bientôt de Monseigneur le Duc de Bourgogne lui-même!

RICHELIEU.

Et le coupable?.. (Avec aplomb.) l'homme?

MATIGNON.

Parti... disparu... et ces dames assurèrent toutes qu'il venait de s'échapper par la cheminée.

RICHELIEU.

Le maladroit!

MATIGNON, baissant la voix.

Mais non... Car on prétend qu'une heure après une grande malle sortait du palais, portée par deux valets de pied, et escortée par l'officier de service.

RICHELIEU.

C'est prodigieux!

MATIGNON.

Eh quoi! vous ignoriez encore...

RICHELIEU.

Absolument... en voilà la première nouvelle.

MATIGNON.

Parbleu! vous m'étonnez.

RICHELIEU.

Pourquoi?

MATIGNON.

Parce que l'homme du boudoir et de la malle...

RICHELIEU.

Eh bien?

MATIGNON, tranquillement.

C'était vous.

RICHELIEU, avec exclamation.

Chevalier! chevalier!..

MATIGNON.

Oh! mon Dieu! personne ne l'ignore à la cour... excepté le Duc de Bourgogne, parce qu'il est convenu que les maris ne savent jamais rien... le grand roi, qui est un peu sourd, depuis qu'il n'entend plus parler de lui... et c'est heureux!.. car la Bastille...

RICHELIEU.

Pas de plaisanteries!... ce n'était pas moi!

MATIGNON, continuant.

Et enfin, Diane, qui ne croira jamais; disait-elle chez Mme de Mouchy, qu'un enfant ait eu cette audace...

RICHELIEU.

Un enfant!.. encore!

MATIGNON.

A moins que ce ne fût pour voler des dragées.

RICHELIEU, emporté par le dépit.

Elle a dit!.. Eh bien! si fait, c'était moi!.. il faut qu'on le dise, il faut qu'on le sache, il faut qu'elle le croye malgré elle... Dites-lui de ma part, Matignon... Non, ne lui dites rien... c'est un plaisir que j'aurai moi-même... accompagné de plusieurs autres!

MATIGNON.

Ah! vous irez la voir?

RICHELIEU.

Du tout!.. j'ai parié.

MATIGNON.

Et je gagnerai... (A part.) Maintenant qu'il l'avoue. (Haut.) Adieu, duc.*

RICHELIEU.

Adieu, Chevalier... C'est mille louis que vous me devez.

MATIGNON, s'arrêtant.

Exigibles, à l'échéance de l'article 5?

RICHELIEU, à demi-voix.

Vous me paierez ça.

MATIGNON.

Hein?

RICHELIEU.

Vous me paierez... les mille louis... (Le suivant jusqu'à la porte.) Au fait, j'en ai besoin pour garnir ma cassette... avec trois cents autres que j'ai gagnés à ce grand imbécille de Lévrier.

MATIGNON.

Ah! vous lui avez... C'est donc pour cela qu'il disait, en vous quittant : Aux innocens, les mains pleines!

RICHELIEU.

Aux innocens!.. La veuve Patin me paiera ça!
(Matignon sort en riant.)

RICHELIEU, riant aussi, forcément.

Ah! ah! ah!

SCÈNE III.
RICHELIEU, DUBOIS, MERLAC.

RICHELIEU, cessant tout-à-coup de rire.

Ah! tu t'en vas en me riant au nez, toi!.. comme les autres!.. Par malheur, c'est un garçon... il n'y a pas prise. (A Dubois, qui est entré, suivi de Merlac.) Qu'est-ce?

DUBOIS.

Le perruquier de Monseigneur.

RICHELIEU.

Qu'il entre... (A lui-même.) Il paraît que la plaisanterie se prolonge!.. mais rira bien... (Il est interrompu par Merlac, qui tousse.) Viens ça, pendard, et qu'on m'accommode comme il faut. (Il se jette sur une chaise, que Dubois a placée au milieu du théâtre.)

DUBOIS.

Les lettres de Monseigneur.

RICHELIEU, tout en lisant.

A propos, Dubois!.. ne m'as-tu pas dit que tu fréquentais la femme du valet-de-chambre de ma belle-mère?

DUBOIS, voulant s'excuser.

Monseigneur!..

RICHELIEU.

Tu fais bien, mordieu!.. elle est mariée, n'est-pas?.. bon! ça compte double.

MERLAC, scandalisé.

Oh!..

RICHELIEU, vivement.

'u es marié aussi, toi... imbécille?.. (Lisant.) ? vous attends au palais, cour des cuisines... ...onne de... » Oh! la Patin!.. cour des cuisines!.. Restez-y, mon ange!.. (A Dubois, pendant que Merlac le coiffe.) Eh bien! dis-moi, que se passe-t-il chez... (Avec effort.) Chez ma femme? (A part.) Voilà un mot qui m'écorche la bouche! (Haut.) Eh bien?

DUBOIS, à qui Merlac fait des sign

Dame! Monseigneur...

Richelieu, Merlac.

RICHELIEU, jetant la tête à la renverse et surprenant les signes de Merlac.

Qu'est-ce que c'est?.. tu fais la parade, toi, là-haut!.. (A Dubois.) Chausse-moi... (Dubois s'agenouille, lui retire ses pantoufles et lui met des souliers.) Voyons, à vous deux, me direz-vous ce qui se passe chez ma femme?

DUBOIS.

Dame! on dit que Mme la Duchesse...

RICHELIEU.

Après?

DUBOIS.

Est triste... fort triste.

RICHELIEU.

Palsambleu! elle me regrette... j'en étais sûr... Ensuite?.. toi, là-haut?..

MERLAC.

On croit que Mme la Duchesse est amoureuse...

RICHELIEU.

De moi, ça va sans dire...Tant pis, pour elle!.. (Se regardant avec complaisance dans un petit miroir que Merlac lui a remis.) Grande sotte... qui, à dix-huit ans, n'a pas vu dans ces yeux-là!.. (A Merlac.) Rase-moi.

MERLAC.

Plaît-il?

RICHELIEU.

Rase-moi!

MERLAC, embarrassé.

Pardon, mais, c'est que... nous n'avons p[as] qu'il faut pour cela.

RICHELIEU.

Tu n'as pas de rasoirs?

MERLAC.

Non... c'est vous qui n'avez pas de...

RICHELIEU, se levant, vivement.

Bah!

MERLAC, souriant.

Dame!.. un enfant...

RICHELIEU, lui lançant un coup de pied, avec colère.

Hein!

MERLAC, s'éloignant.

Ah! Monseigneur!.. (A part.) Il tape comme un homme!..

RICHELIEU, se caressant le menton.

Au fait... il a raison... rien!.. (Le regardant et lui faisant signe de venir.) Écoute... approche.

MERLAC, s'approchant humblement.

Monseigneur... (Surveillant ses pieds.) O..! le joli pied!

RICHELIEU, se frottant le menton.

Et... crois-tu que ça vienne bientôt?

MERLAC.

Mais... dans cinq ans.

RICHELIEU, avec colère.

Juste! comme l'article 5!.. (Merlac s'éloigne vivement. — Dubois, qui a emporté les pantoufles, apporte l'habit, et lui ôte sa robe de chambre. Richelieu continue, en mettant son habit.) Et que dit-on de nouveau, par la ville?

MERLAC.

Rien, Monseigneur.

RICHELIEU.

Pas de nouvelles, marouille!.. et tu es perruquier!.. tu ne sais pas ton état. (A part avec mépris.) Sait-il raser, seulement?.. (Haut, avec emphase.) Et de moi... que dit-on?

MERLAC.

Rien, monseigneur.

RICHELIEU, avec emportement.

Rien ! drôle !.. Je vous forcerai bien tous à parler de moi !.. (Faisant, du geste, approcher Merlac.) J'entends que tu bavardes... que tu dises tout ce que tu vois.

MERLAC.

Si je ne vois rien ?..

RICHELIEU.

Eh bien ! ce que tu ne vois pas... on devine, ou on invente... et pour commencer...

DUBOIS, qui a emporté la robe de chambre, rentrant vivement par le fond.

Monseigneur !.. une jeune fille demande à vous voir... Faut-il...

RICHELIEU, vivement.

..Une jeune fille ?.. toujours !.. une vieille et un créancier, jamais !.. (A Merlac.) Et pour commencer, va chez Mᵐᵉ de Noailles, sous prétexte de raser... ceux qui en ont... et dis à tout le monde, que, lorsque tu m'as quitté, je recevais une femme superbe !.. une Duchesse... une Princesse !..

MERLAC.

Permettez...

RICHELIEU, le poussant.

Je te permets tout !.. (Voyant entrer la jeune fille.) Oh ! qu'est-ce que ce peut-être ?.. ça me fait presque peur... (Se rassurant.) Ah ! bah !... Dubois, que personne...

(Dubois sort, en poussant dehors Merlac, qui sort sur la pointe des pieds.)

SCÈNE IV.

RICHELIEU, Mᵉ DE NOCÉ, enveloppée d'une mantille noire, dont le capuchon lui couvre la figure.

RICHELIEU.

Dieu ! si c'était ma femme !.. (Dès que la porte est fermée, Mˡˡᵉ de Nocé relève son capuchon et se montre à Richelieu.) Mˡˡᵉ de Nocé !.. (A part, se frottant les mains.) Une fille d'honneur ! rien que ça !

Mˡˡᵉ DE NOCÉ.

M. le Duc... (Mettant la main sur son cœur et comme cherchant un appui.) Mais, pardon !.. le saisissement... l'étrangeté de cette visite...

RICHELIEU.

Dieu ! si elle allait s'évanouir dans mes bras !.. Bon ! ça me va !

Mˡˡᵉ DE NOCÉ, un peu remise de son trouble.

Vous serez discret ?..

RICHELIEU.

Si je serai discret !... ah ! mademoiselle... je jure !.. (A part.) Oh ! quand ma femme le saura !..

Mˡˡᵉ DE NOCÉ.

Ce n'est pas pour moi que je viens.

RICHELIEU.

Grand Dieu ! il se pourrait !.. Mᵐᵉ la duchesse de Bourgogne...

Mˡˡᵉ DE NOCÉ, vivement.

Ne permet pas qu'on prononce votre nom devant elle, depuis cette nuit où votre imprudence..

RICHELIEU, se penchant vers elle.

Me révéla tant de charmes !..

Mˡˡᵉ DE NOCÉ, baissant les yeux.

Et vous fit oublier d'autres sermens... cette lettre... (Elle la lui montre.)

RICHELIEU.

O ciel ! la mienne !.. (A part.) Je n'y pensais plus !

Mˡˡᵉ DE NOCÉ.

J'y ai d'abord fait peu d'attention... de la part d'un enfant...

RICHELIEU.

Eh ! mordieu !...

Mˡˡᵉ DE NOCÉ, l'observant.

Quoique l'écriture...

RICHELIEU, à part.

Ah diable !... coupons court.

Mˡˡᵉ DE NOCÉ, l'observant toujours.

Ne fût pas...

RICHELIEU, l'interrompant, avec feu.

Ah ! Mademoiselle !.. vous connaissez à présent mon secret... ce secret, qui n'a éclaté qu'en brisant ma poitrine !..

Mˡˡᵉ DE NOCÉ.

M. le Duc !..

RICHELIEU, continuant, à ses pieds.

Ah ! je me jette à vos pieds !.. je baise vos jolies mains !.. (A part.) Ça va ! ça va !

Mˡˡᵉ DE NOCÉ.

Ce billet...

RICHELIEU.

Ce billet est l'expression d'un amour ardent, opiniâtre, insensé !

Mˡˡᵉ DE NOCÉ.

Ce billet... n'est pas de vous !

RICHELIEU.

Ah !.. (Avec aplomb, se relevant.) Je le sais bien, Mademoiselle.

Mˡˡᵉ DE NOCÉ.

Vous l'avouez !..

RICHELIEU.

Parfaitement... Vous comprenez... dans ma position d'homme marié... (Se rengorgeant.) Bientôt père de famille... j'ai été forcé d'emprunter... sans vous nommer !.. l'écriture d'un ami.

Mˡˡᵉ DE NOCÉ.

Vous mentez !

RICHELIEU, avec effronterie.

Vous croyez ?.. c'est possible.

Mˡˡᵉ DE NOCÉ.

Vous mentez, vous dis-je !.. cette lettre est de M. de Matignon.

RICHELIEU.

Comment le savez-vous ?..

Mˡˡᵉ DE NOCÉ.

C'est lui qui l'a écrite.

RICHELIEU.

Pour moi, c'est vrai.

Mˡˡᵉ DE NOCÉ.

C'est faux !.. pour lui, pour lui-même.

RICHELIEU.

C'est encore possible... mais comme elle exprimait exactement ma pensée, mon amour...

Mˡˡᵉ DE NOCÉ, n'y tenant plus.

Non, Monsieur !.. son amour et sa pensée, à lui... car elle était adressée...

RICHELIEU, vivement.

A vous, peut-être ?

Mˡˡᵉ DE NOCÉ.

Elle était adressée... Tenez, voici la pareille,

exactement, adressée par lui, à... (Éclatant.) A
votre femme !

RICHELIEU, stupéfait.

A ma femme !

Mᡁᡉ DE NOCÉ.

A votre femme, qu'il aime... depuis long-
temps.

RICHELIEU, ému.

Depuis long-temps !..

Mᡁᡉ DE NOCÉ.

Comment cettre lettre est-elle revenue dans les
mains du Chevalier, je l'ignore... mais enfin, il
l'a perdue chez moi.

RICHELIEU.

Chez vous?.. (A part.) Oh! je devine!

Mᡁᡉ DE NOCÉ, baissant les yeux.

C'est-à-dire...

RICHELIEU, de plus en plus ému.

Mais lui!.. quand il m'excitait à piquer, à
irriter la Duchesse... quand il me défiait...
c'était pour profiter lui-même... le grand traître!

Mᡁᡉ DE NOCÉ, de même.

Oh oui! bien traître... et je viens vous demander une explication.

RICHELIEU, éclatant de rire.

Ah! ah! ah!.. (Mᡁᡉ de Nocé le regarde avec
surprise.) Une idée!.. Ah! ah! ah!.. je ne suis
pas encore mari, et je serais déjà... (Changeant
de ton.) Ah! non, par exemple.

Mᡁᡉ DE NOCÉ.

Eh quoi! vous n'êtes pas indigné?..

RICHELIEU.

A quoi sert?... Le temps qu'on passe à
être indigné, est perdu pour la vengeance...
Oh! la vengeance!... le plaisir des Dieux...
et.... des filles d'honneur!... Il s'agit de nous
venger!...

Mᡁᡉ DE NOCÉ.

Me venger!

RICHELIEU.

Oui, je vous vengerai, vous me vengerez,
nous nous vengerons!.. voulez-vous?

Mᡁᡉ DE NOCÉ.

Mais...

RICHELIEU.

Vous hésitez!.. quand je vous offre un cœur
jeune!.. un premier amour, qui sera le der-
nier!...

Air : Ce titre de soldat m'honore.

Vous êtes trahie!.. il me semble
Que moi, je suis... du moins, bien près...
Ainsi, le malheur nous rassemble,
Et la vengeance a tant d'attraits!
Voyez, vous avez vos rancunes,
De mon côté, j'ai ma fureur :
Unissons nos deux infortunes...
Nous en ferons peut-être du bonheur.

Mᡁᡉ DE NOCÉ.

Ah! si du moins il le savait, lui, le perfide!..

RICHELIEU.

Rapportez-vous-en à moi, pour cela!

LA BARONNE, en dehors.

J'entrerai... je veux entrer.

Mᡁᡉ DE NOCÉ.

Silence !.. écoutez !.. on vient !

RICHELIEU.

Ne craignez rien, on n'entrera pas... (Dubois
accourt très agité.) Dubois! qu'est-ce?

DUBOIS, bas.

Une femme, un démon!.. qui veut forcer votre
porte...

LA BARONNE, en dehors.

J'entrerai, vous dis-je!

Mᡁᡉ DE NOCÉ.

Une voix de femme!

RICHELIEU.

Bah! vous croyez?.. (A part.) Encore une !..

Mᡁᡉ DE NOCÉ.

Quoi! Monsieur, après ce que vous m'avez
écrit!.. une autre que moi...

RICHELIEU.

Non, non... (Vivement.) C'est ma femme !

Mᡁᡉ DE NOCÉ.

O ciel! je suis perdue !..

RICHELIEU, lui montrant la petite porte à droite.

Vous êtes sauvée !.. Tenez, là, entrez vite!..
et n'en sortez, que lorsque je frapperai dans ma
main.

(Au moment où il ferme la porte sur Mᡁᡉ de Nocé, la
Baronne paraît. Dubois va au-devant d'elle.)

DUBOIS, voulant l'arrêter.

Mais, madame...

LA BARONNE, lui donnant un soufflet.

Arrière, maraud!

RICHELIEU.

Un soufflet !.. c'est la veuve Patin !..

(Dubois sort.)

◆◆◆◆◆◆◆◆◆◆◆◆◆◆◆◆◆◆◆◆◆◆◆◆◆◆◆◆◆◆◆◆◆◆◆◆◆◆◆

SCÈNE V.

RICHELIEU, LA BARONNE.[**]

LA BARONNE, allant droit à lui, un billet à la main.

Et vous... vous êtes un petit impertinent !

RICHELIEU.

Pour commencer?.. merci.

LA BARONNE.

Permis d'insulter les baronnes de naissance...
mais, quand on a été dans les draps, sur le pavé
de Paris, on se fâche et on corrige les inso-
lens... Tenez!..

(Elle le frappe au nez, avec le billet.)

RICHELIEU, reculant.

Madame Patin !.. vous me traitez... comme
mon valet de chambre !..

LA BARONNE.

Du tout !.. lui, c'était avec la main... et vous,
c'est avec votre écriture... Vous m'avez offensée,
je vous le rends, l'honneur est satisfait... Bonjour, comment ça va-t-il?

RICHELIEU, lui tendant la main.

Pas mal, et vous?.. Ainsi, vous ne m'en voulez plus?

LA BARONNE, se remettant en colère.

Par exemple! je vous en veux à mort... je
vous arracherais les yeux... si ce n'était pas
dommage... Non pas pour moi, seigneur Dieu !..
parce qu'au fait, de la part d'un enfant...

RICHELIEU, bondissant.

Bon! à l'autre !.. je n'en échapperai pas une!

[*] Mlle de Nocé, Richelieu, Dubois.
[**] La Baronne, Richelieu.

LA BARONNE.

Mais pour mon Baron, mon grand Lévrier... Si
ça lui était tombé sous la...

RICHELIEU, à part.

Ah! mon autre lettre!.. je l'avais oubliée
aussi!

LA BARONNE, lisant.

« Cher ange! je t'aime, veux-tu m'aimer, pour
te désencanailler tout-à-fait?   RICHELIEU. »

RICHELIEU, hypocritement.

Il y a ça?

LA BARONNE.

Tiens, petit effronté!..

(Richelieu la regarde en riant. Elle se laisse aller peu
à peu, et ils finissent par éclater tous deux.)

RICHELIEU.

Ah! ah! ah!.. Dam! c'est une déclaration.

LA BARONNE.

Ah! ah! ah!.. Morveux!

RICHELIEU, se fâchant.

Ah! veuve Patin!

LA BARONNE, de même.

Je ne suis plus la veuve Patin... et d'une!.. Je
suis baronne, présentée à la Cour... ce qui fait
enrager un tas de bégueules qui ne me valent
pas, et une centaine de faquins, comtes, marquis et autres, à qui feu Patin prêtait notre argent... Je suis l'épouse du grand Lévrier du Roi,
entends-tu, petit!.. du gentilhomme le plus
maigre, le plus fier et le plus... Ah! ce n'est
pas lui qui aurait fait fortune dans les draps!

RICHELIEU, la câlinant.

Parbleu!.. mais vous l'aimez?

LA BARONNE.

Je ne peux pas le souffrir!.. un grand flan-
drin... qui me mesquine comme les autres, parce
que je ne suis pas née... Qu'est-ce que je suis
donc, imbécile?.. Aussi...

Air : Vaudeville des Frères de lait.

Défunt Patin, plein d'égards en ménage,
Est mort intact... Vrai, rien!

RICHELIEU.

Oh! je vous crois...

LA BARONNE.

Mais le Baron!..

RICHELIEU, la câlinant toujours.

Ah! ce serait dommage:
Il ne peut pas mourir comme un bourgeois.

LA BARONNE, le repoussant.

Non, je respect' la morale et les lois.

RICHELIEU.

Mais un malheur... qui sait?.. malgré vous-même...

LA BARONNE.

Oh! dans ce cas, je t'en donne ma foi,
Il le saurait l' premier...

RICHELIEU.

Non, le troisième :
Les deux premiers, ce serait vous et moi.

Et vous m'en voulez toujours de ma déclaration?

LA BARONNE.

Entendons-nous, monstre!.. je t'en veux, pour
la forme... parce qu'au fond, je crois que ton
intention n'était pas mauvaise.

RICHELIEU, lui prenant la taille.

L'ardieu!..

LA BARONNE.

Aussi, tu vois... je n'ai pas de rancune... et
je viens te sauver!..

RICHELIEU.

Me sauver!.. de quoi?

LA BARONNE.

De la Bastille!

RICHELIEU, effrayé, frappant ses mains l'une contre
l'autre.

O Ciel!.. (La porte à droite s'entr'ouvre, et Mlle de
Nocé va paraître ; il court avec effroi pour la retenir.)
Non, non!..   (Elle disparaît.)

LA BARONNE, qui n'a rien vu, que le mouvement de
Richelieu.)*

Allons, petit, du courage!.. C'est pour te prévenir, que je t'avais donné rendez-vous.

RICHELIEU, revenant à elle.

Cour des Cuisines... Mais qui vous a dit?..

LA BARONNE.

Mon Baron... il y a une lettre de cachet contre
toi.

Mlle DE NOCÉ, jetant un cri.

Ah!..   (La porte se referme tout-à-fait.)

LA BARONNE.

Hein?

RICHELIEU.

Quoi?

LA BARONNE.

Qu'est-ce que c'est que ça?

RICHELIEU.

Ça?.. ne faites pas attention.

LA BARONNE, allant vers la porte à droite.

Mais, j'ai entendu...

RICHELIEU, l'arrêtant.

Non, c'est... (Vivement.) C'est ma femme!

LA BARONNE.

Votre femme?

RICHELIEU.

En secret, chez moi... ma femme... (A part.)
Ça m'aura toujours servi à quelque chose.

LA BARONNE.

Mais alors, elle a dû vous dire...

RICHELIEU.

Rien.

LA BARONNE.

Que cette lettre de cachet... c'est madame de
Noailles elle-même qui l'a demandée...

RICHELIEU.

Ah!.. Merci, belle-mère!

LA BARONNE.

Pour être mise à exécution, à la première es-
clandre, au premier scandale.

RICHELIEU.

Me voilà bien!.. j'ai un pied à la Bastille.

LA BARONNE, élevant la voix du côté de la porte.

C'est pour retenir l'autre que je viens ici...
c'est pour vous sauver, voilà tout.

DUBOIS, accourant et très empressé.**

Monseigneur!.. monseigneur!.. Madame de
Noailles et madame de Richelieu!

LA BARONNE.

Hein!..

RICHELIEU.

Ma femme!

LA BARONNE.

Qu'est-ce qu'il dit?

* La Baronne, Richelieu.
** Richelieu, la Baronne.

RICHELIEU.

Sauvez-vous!

LA BARONNE.

Comment! votre femme?.. mais celle qui est
là?..

RICHELIEU, ouvrant la petite porte à gauche.

Il paraît que c'est une autre... Sauvez-vous!

LA BARONNE.

Je disais bien! vous êtes un grand petit
monstre!

RICHELIEU, l'entraînant.

Je serai tout ce que vous voudrez... sauvez-
vous!..

LA BARONNE, jetant un regard dans le cabinet à
gauche.

Pas d'autre porte!.. un vrai fond de sac!...
mais pour sortir?..

RICHELIEU.

Un signal!.. dans la main!

LA BARONNE, entrant.

Ah! le petit vilain!

RICHELIEU, fermant la porte.

Bonsoir!

(Dubois, qui faisait le guet au fond, introduit Mᵐᵉ de
Noailles et Diane.)

SCÈNE VI.

RICHELIEU, LA DUCHESSE, DIANE.

RICHELIEU.

Ça se complique! c'est gentil! c'est amusant!

LA DUCHESSE, regardant autour d'elle.

Personne!

DIANE, à part.

C'est lui!

RICHELIEU, allant à elles, d'un air très galant.

Ah! mesdames, entrez, de grâce... Dubois,
des siéges.

LA DUCHESSE, d'un ton sec.

C'est inutile.

RICHELIEU, à part.

Oh! oh!.. (Haut.) Mais, mademoiselle de
Noailles...

LA DUCHESSE.

Dites : Madame la Duchesse de Richelieu.

RICHELIEU.

Du tout!.. l'article 5 s'y oppose... (Reprenant
et appuyant.) Mademoiselle de Noailles prendrait
peut-être...

DIANE.

Monsieur...

LA DUCHESSE.

Rien! (Bas à Diane.) De la fermeté, et pas un
mot. (Diane se tient les yeux baissés.)

RICHELIEU, à part, la regardant.

Ma femme!.. c'est ma femme!.. Dieu!
qu'elle est jolie!.. elle a surtout... (Se sentant
faillir, avec effort.) Allons donc!.. elle est laide.

LA DUCHESSE.

Mon gendre!..

RICHELIEU.

Ma belle-maman!..

LA DUCHESSE, d'un ton très sec.

Pas de préambule... je ne les aime pas.

RICHELIEU, de même.

Ni moi, non plus!.. (A part.) Attends donc! je
vais te répondre, moi.

Diane, la Duchesse, Richelieu.

LA DUCHESSE.

C'en est fait!.. le Roi sait tout!

RICHELIEU, effrayé.

Ah! bah!.. (A part.) Les deux pieds y sont!

LA DUCHESSE.

Madame de Maintenon, gardienne sévère des
bonnes mœurs, a demandé une lettre de cachet...

RICHELIEU.

A votre requête.

LA DUCHESSE, poursuivant.

Et le Roi est trop magnanime...

RICHELIEU.

Pour refuser si peu de chose?.. comment
donc! m'embastiller, pour les beaux yeux de la
veuve Scarron!..

LA DUCHESSE.

M. le Duc!

RICHELIEU.

Ou pour les vôtres... (Faisant un pas.) Que la
volonté du Roi soit faite.

DIANE, émue.

Comment?..

RICHELIEU, s'arrêtant.

Mademoiselle de Noailles a dit?..

LA DUCHESSE.

Madame la Duchesse de Richelieu... n'a rien
dit.

RICHELIEU, insistant.

Mademoiselle de Noailles!

LA DUCHESSE.

Cependant, un reste d'indulgence peut encore
vous sauver..

RICHELIEU.

Ah! voyons le reste d'indulgence.

LA DUCHESSE.

A la porte de votre hôtel, va s'arrêter un carrosse de voyage, qui doit prendre, à votre gré,
deux routes bien différentes.

(Diane prête beaucoup d'attention.)

RICHELIEU.

Qui sont?..

LA DUCHESSE.

L'une, celle de Normandie, où se trouve le
château de Noailles... l'autre, celle de Paris, où
se trouve le château de la Bastille... A vous le
choix.

RICHELIEU, avec feu.

Vous me le demandez!.. Mais c'est l'enfer et
le paradis!.. Oh! oui, le paradis, le ciel, n'est-ce
pas?.. Car je pars avec ma femme... avec ma
femme, qui vient me chercher, qui m'emmène...
et l'article 5 ne sera pas du voyage!

LA DUCHESSE.

Si fait!.. avec moi!

RICHELIEU, résolument.

Qu'on me conduise à la Bastille!

DIANE, laissant échapper un cri, et chancelant.

Ah!

RICHELIEU, vivement.

Mademoiselle de Noailles se trouve mal!..

LA DUCHESSE.

Madame la Duchesse de Richelieu!.. se trouve
fort bien.

RICHELIEU.

Mademoiselle de Noailles!

LA DUCHESSE.

Apprenez donc alors... (On entend du bruit à
la pièce à droite.) Qu'est-ce que c'est?

RICHELIEU, à part.

Maladroite ! (Diane regarde vivement de ce côté.)

LA DUCHESSE.

Il y a ici quelqu'un !.. (On entend casser une glace dans le cabinet à gauche.) Encore !.. là !..
(Diane paraît très émue.)

RICHELIEU, à part.

Allons ! l'autre qui casse mes glaces !

LA DUCHESSE.

Il y a du monde caché ici !

RICHELIEU, vivement.

C'est ma fem... (A part.) Oh ! diable !.. ça ne peut plus me servir.

LA DUCHESSE, qui l'a deviné.

Ah ! c'est donc une femme ?

RICHELIEU.

Non.

LA DUCHESSE.

Deux, peut-être !

RICHELIEU, à part.

A la bonne heure !   (Il se pose avec aplomb.)

LA DUCHESSE.

Quelle abomination !..

DIANE, avec émotion, à part.

Oh ! mon Dieu !

RICHELIEU, à part, avec joie.

Ça lui fait quelque chose !

LA DUCHESSE.

M. le Duc !.. il faut que je vous parle, il me faut une explication... Mais, ici... en ce moment...   RICHELIEU, souriant.

C'est juste... (Il sonne.) ce n'est pas dans les convenances... (A Dubois, qui entre.) Dubois ! conduisez madame la Duchesse de Noailles et... mademoiselle sa fille... dans l'appartement de madame la Duchesse de Richelieu.

Air : Walse de Strauss.

RICHELIEU.	LA DUCHESSE.
Je me soumets	Il se soumet,
Et je promets,	Il me promet,
Dès qu'en ces lieux	Dès qu'en ces lieux
Nous serons deux,	Nous serons deux,
D'entendre tout,	D'entendre tout,
D'être, surtout,	D'être, surtout,
Obéissant	Obéissant
Comme un enfant.	Comme un enfant.

LA DUCHESSE, à Diane.

Suivez-moi donc ; venez, madame...
Pour vous, monsieur...

RICHELIEU.

J'attends ici.
(La Duchesse se dirige vers la porte.)

DIANE, à part.

Quoi ! pas un mot pour sa femme !..

RICHELIEU, de même.

Pas un regard pour son mari !
(Au moment de sortir, Diane se retourne, leurs regards se rencontrent, et tous deux éprouvent comme une commotion.)

RICHELIEU et DIANE, en même temps.

Ah !..

LA DUCHESSE, se retournant.

Hein ?   (Richelieu la salue profondément.)

— REPRISE. —

RICHELIEU.	LA DUCHESSE.
Je me soumets	Il se soumet
A vos arrêts,	A mon arrêt,
Obéissant	Obéissant
Comme un enfant.	Comme un enfant.

(La Duchesse sort, avec sa fille, par la porte du fond, à gauche.)

SCÈNE VII.

RICHELIEU, puis LE BARON et LE CHEVALIER DE MATIGNON.

RICHELIEU, ému.

Ah ! ce regard ! ce regard !.. J'allais tout oublier... Matignon, mon pari, mon honneur... Elle y viendra, morbleu ! (Changeant de ton.) Mais, d'abord, allons au plus pressé... Eh ! vite, mes prisonnières !..
(Il court vers la porte à droite, se ravise et court vers la gauche, s'arrête comme ne sachant par laquelle commencer... se décide enfin, et va pour ouvrir à la Baronne. La porte du fond s'ouvre, et le chevalier paraît, suivi du Baron.)

MATIGNON.

Point de laquais, on peut entrer.

RICHELIEU, s'arrêtant.

Les malheureuses n'en sortiront pas !

LE BARON.*

Pardon, très cher, pardon !.. quand la porte est ouverte, j'entre.

RICHELIEU.

Je crois bien... vous, qui entreriez par le trou de la serrure.

LE BARON.

Ah ! ah ! ah !.. il est espiègle... (A Matignon.) Il est seul !

MATIGNON, riant aussi.

Absolument seul !.. ah ! ah ! ah !

RICHELIEU.

Parbleu !.. et il n'y a pas de quoi rire.

MATIGNON.

J'ai rencontré, à deux pas, le Baron qui venait s'exécuter et payer sa dette...

LE BARON.

Trois cents louis, que voici dans cette bourse.

RICHELIEU, prenant la bourse.

Aux innocens, les mains pleines !
(Il jette un coup-d'œil du côté de la Baronne.)

LE BARON, satisfait.

Comment ! on vous a conté cette facétie ?.. c'est un trait malin...

MATIGNON, à Richelieu.

Qui vous est resté sur le cœur.

RICHELIEU.

Peut-être... mais tout passe... Je conserverai le mot du Baron, un mois... son argent, un jour... (A part.) et sa femme, une heure.

LE BARON.

Vous comptez donc me rendre...

RICHELIEU, lui serrant la main.

Tout ce que j'ai à vous.

LE BARON.

Merci !

MATIGNON.

Quant à moi, qui ai aussi parié mille louis...

RICHELIEU, regardant à sa gauche.

Oh ! vous, votre compte est fait.

MATIGNON.

Tant mieux !.. partie gagnée... Au fait, c'était folie à vous, de prétendre que Mme de Richelieu viendrait ici vous demander grâce.

RICHELIEU.

Elle est peut-être en route.

MATIGNON.

Bah !

* Matignon, Richelieu, le Baron.

LE BARON, de même.

Bah !

RICHELIEU.

Bah ?.. Elle, et bien d'autres... il y a beaucoup de femmes qui se mettent en route, cette an-
née.

MATIGNON.

Air : Vaudeville de Partie et Revanche.

Que dites-vous ?.. c'est de la médisance !
Quand à la Cour les mœurs sont en renom !

RICHELIEU.

Et depuis quand ?

LE BARON.

Depuis qu'en France
La sagesse a changé de nom,
Et la vertu s'appelle Maintenon.

MATIGNON.

La favorite est le modèle
De toutes les femmes...

RICHELIEU.

Eh bien !
Raison de plus : si toutes sont comme elle,
Tous les maris seront comme le sien.

LE BARON.

Oh ! le petit gueux !.. c'est avec ces idées-là
qu'il va marauder chez les filles d'honneur... Dites donc, Chevalier, prenez garde !.. il aime
Mlle de Noé.

MATIGNON.

Oh ! l'honneur de ces dames n'en est pas moins
intact.

RICHELIEU.

Ah !.. vraiment ?

MATIGNON.

Je ne suis pas comme le Baron... qui, tout à
l'heure, n'osait pas entrer... Il vous croyait presque en bonne fortune... Ah ! ah ! ah !

LE BARON.

Ou à manger des bonbons... Ah ! ah ! ah !

RICHELIEU.

Baron !..

MATIGNON.

Eh ! non, lui ai-je dit, mon cher, il est avec
son précepteur !   (Il rit.)

RICHELIEU.

Et c'est ce qui vous faisait rire ?.. Vous ne
croyez donc pas, vous ?..

MATIGNON.

Je ne crois rien, tant que je n'ai rien vu.

RICHELIEU.

Ah !.. (Au Baron.) Et vous ?

LE BARON.

Ni moi, non plus.

RICHELIEU.

Ah !   (Il regarde à droite et à gauche.

MATIGNON.

Eh ! non, mon cher, vous n'y êtes pas... Pour
avoir une réputation, pour être à la mode, il vous
manque deux choses... une bonne fortune et un
duel !.. mais, là, bien publics, bien connus...

LE BARON.

Coràm populo.

MATIGNON.

Une femme... affichée.

LE BARON.

J'ai commencé par là, coquin que j'étais !..
J'en affichai une.

RICHELIEU, avec résolution.

Oh ! qu'à cela ne tienne !.. moi, j'en afficherai
deux !

MATIGNON.

Bravo !.. Il ne suffit pas d'être...

LE BARON.

Il faut paraître.

RICHELIEU.

Mais, un amant... un mari ?.. les égards ?..

MATIGNON, riant.

Prétexte !..

RICHELIEU.

La discrétion ?..

LE BARON.

Prétexte !

RICHELIEU.

Prétexte ?

LE BARON et MATIGNON.

Prétexte !

RICHELIEU, à part, avec dépit.

Ah ! c'est comme cela !.. (Se décidant, et bas à
Matignon.) Regardez à droite.

MATIGNON.

Bah !..

RICHELIEU, bas au Baron.

Regardez à gauche.

LE BARON.

Bah !

(Richelieu, entre eux deux, s'éloigne un peu et
frappe dans ses mains. Aussitôt les deux portes
s'ouvrent ; la Baronne et Mlle de Nocé sortent en
même temps : frappées de surprise, en voyant,
l'une le Chevalier, l'autre le baron, elles se rejet-
tent précipitamment en arrière, et les portes se
ferment. Les deux hommes demeurent immobi-
les.)

RICHELIEU.

Eh bien ! messieurs ?..

MATIGNON, regardant le Baron et partant d'un
éclat de rire.

Ah ! ah ! ah !

LE BARON, le regardant, de même.

Oh ! oh ! oh !

RICHELIEU, au milieu.

Ne vous gênez pas... Ma foi ! vous y allez de
si bon cœur, que... Ah ! ah ! ah !..

LE BARON, de loin, au Chevalier, en riant toujours.

Vous avez vu ?...

MATIGNON, de même.

Oui, oui... Et vous ?

LE BARON.

Très bien !.. oh ! oh ! oh !

(Ils se remettent à rire tous trois.)

MATIGNON.

Oh ! pour le coup, mon cousin... je fais
amende honorable.

LE BARON.

Je me prosterne. (Le poussant de l'épaule, et à
demi-voix.) Une fille d'honneur !.. gaillard !

MATIGNON.

Gloire au duc de Richelieu !.. (De même.) Une
femme mariée !...

LE BARON, avec enthousiasme.

Vous êtes un grand...

(Il s'arrête, les yeux sur Matignon, et se détourne
pour rire... L'autre en fait autant.

RICHELIEU, avec aplomb.

Eh bien !.. croyez-vous que cela suffise ?

MATIGNON.

Bien ! bien !.. pour la moitié.

RICHELIEU.

Comment ?

LE BARON.

Du côté des femmes... parfait\

MATIGNON.

Vienne l'affaire d'honneur...

RICHELIEU.

L'affaire d'honneur ?..

MATIGNON.

Plus tard...

RICHELIEU, avec force.

Non, non, dès à présent, morbleu !

LE BARON.

Ah ! diable !.. prenez garde... il y a édit royal !..

MATIGNON.

Ah ! bah ! j'ai commencé par là... j'ai eu une affaire.

RICHELIEU.

Et moi, j'en aurai deux !.. (Faisant signe au Baron, lui prenant le bras, le conduisant vers la gauche et baisant la voix.) Baron... voulez-vous savoir ce qui a fait rire le Chevalier ?

LE BARON.*

Ah ! oui... (Montrant la droite.) C'est moins drôle que là...

RICHELIEU.

Si fait !.. regardez à droite.

MATIGNON, gagnant la droite.

Qui diable a pu faire rire le Baron ?

RICHELIEU, bas.**

Regardez à gauche. (A part.) Elles veulent une vengeance, elles me l'ont dit !.. (Remontant et élevant la voix avec affectation.) Adieu, Baron... Bonjour, Chevalier... au revoir !.. (A leur surprise, il répond par un signe qu'ils comprennent aussitôt.—A part.) Un grand silence !.. elles les croient partis... (Toussant.) Hem ! hem !..

(Matignon et le Baron, placés près des deux portes, retournent la tête et se regardent encore en riant tout bas. Richelieu frappe dans ses mains : Les deux portes s'ouvrent, les deux femmes reparaissent ; mais, cette fois, la Baronne est en face de son mari, et Mlle de Nocé en face du Chevalier. Elles rentrent précipitamment, sans fermer les portes.)

MATIGNON, furieux.

Césarine !

LE BARON, de même.

La Bar... La veuve Patin !

RICHELIEU.

Eh bien ?.. (Riant aux éclats.) Ah ! ah ! ah !.. (S'arrêtant tout-à-coup.) Je ris seul !.. (On entend rire la Baronne.) Non, il y a de l'écho.

MATIGNON.

M. le Duc ! M. le Duc !.. vous allez me rendre...

RICHELIEU.

Parbleu ! j'y compte bien !

LE BARON, exaspéré.

Vous me rendrez...

RICHELIEU.

Allons donc !.. et de deux !.. Ai-je tenu parole ?

MATIGNON, bas.

Vous m'enleviez ma maîtresse !

* Richelieu, le Baron, Matignon.
** Le Baron, Richelieu, Matignon.

RICHELIEU, bas, mais sévèrement.

Vous vouliez bien m'enlever ma femme !

LE BARON.

C'est infâme !.. je suis sûr que je suis tout jaune !

RICHELIEU.

Aux innocens, les mains pleines !

MATIGNON.

Nous nous battrons !..

LE BARON.

A mort !..

RICHELIEU.

A l'instant, dans le jardin de mon hôtel... marchons !..

(Ils s'élancent vers la porte. La Duchesse paraît.)

SCÈNE VIII.

LES MÊMES, LA DUCHESSE.

LA DUCHESSE.*

Qu'est-ce donc ?.. qu'y a-t-il !.. ce bruit !..

TOUS TROIS, ensemble.

Partons !

LA BARONNE, s'élançant et poussant un cri.

Ah !.. Hercule !..

(Elle arrête le Baron par le bras.)

LA DUCHESSE.

Une !..

Mlle DE NOCÉ, sortant de l'autre côté.

Chevalier !.. ah !.. un enfant !..

LA DUCHESSE.

Deux !

RICHELIEU.

Je suis à vos ordres.

LA BARONNE, à son mari.

Non ! tu ne te battras pas !

LA DUCHESSE.

Un duel !**

RICHELIEU.

Deux duels !.. et après ça, la Bastille !.. je suis lancé !   (Mouvement de Mlle de Nocé.)

LA BARONNE.

La force armée me répondra de vous !

MATIGNON ET LE BARON, bas à Richelieu.

Au jardin !

ENSEMBLE.

Air : Ah ! c'est nous faire outrage. (Le Plastron.)

RICHELIEU, MATIGNON, ET LE BARON.

Partez
Partons   sans plus attendre !
Rien ne peut nous défendre
De venger notre honneur
Et de montrer du cœur.
Pour punir une offense,
Tout gentilhomme, en France
Doit donner à l'instant
Et sa vie et son sang !

LA DUCHESSE, LA BARONNE, Mlle DE NOCÉ.

Courons sans plus attendre !
Nous saurons bien défendre
Ce combat-plein d'horreur,
Qui nous glace le cœur !

* La Baronne, le Baron, la Duchesse, Richelieu, Matignon mademoiselle de Nocé.
** La Duchesse, la Baronne, le Baron, Richelieu, Matignon, mademoiselle de Nocé.

Vous trouverons, je pense,
Une prompte assistance,
Pour arrêter à temps
Chacun des combattans.

(Ils sortent : Mlle de Nocé, la première, cachée sous son capuchon. La Baronne veut entraîner son mari, qui lui échappe, et sort avec Matignon.)

SCÈNE IX.

LA DUCHESSE, RICHELIEU, DUBOIS, qui est accouru au bruit ; puis, **DIANE,** à la fin de la scène. — La Duchesse va tomber sur le canapé à gauche, comme si elle allait s'évanouir.*

RICHELIEU, triomphant.

Eh bien ! Madame, cet enfant est-il devenu un homme ?.. Dubois, mon chapeau, mon épée !
(Dubois sort à droite.)

LA DUCHESSE.

Monsieur ! tant de scandale !.. Je suffoque ! j'étouffe ! je n'en puis plus !

RICHELIEU, avec élan.

Ah ! c'est vous qui l'avez voulu !.. je vous dois ma réputation qui commence... Merci, belle-mère, merci ! (La Duchesse va pour répondre.) Quoi ?.. c'est affreux, épouvantable ?.. deux femmes ! deux duels !.. Non, c'est gentil, ça me lance... en attendant que je sois colonel !.. Merci, belle-mère, merci ! (La Duchesse veut encore parler.) Ce n'est pas encore assez ?.. Je le sais bien... mais, patience !.. vous verrez !.. Mes escapades ont commencé la nuit de mes noces... grâce à votre infernal article 5 !.. Vous aurez à rendre compte à Dieu et à ma femme, du tort que vous lui avez fait !.. (La Duchesse se lève, de colère.) Parlez ! parlez !..

LA DUCHESSE, criant.

Mais laissez-moi donc parler !..

RICHELIEU, l'interrompant.

Vous n'avez rien à répondre... rien !.. Vous avez mal gardé la Duchesse de Bourgogne !.. mal gardé les demoiselles d'honneur !.. Prenez garde, à présent, de mal garder votre fille !.. Car, je vous en préviens, l'aiglon a pris son vol... et les aigles volent bien haut, Madame !.. Merci, belle-mère, merci !..

Air : Simple soldat.

On m'a prédit que je vivrais cent ans !..
J'y parviendrai... pourvu que je vieillisse...
Que je serais grand homme !.. Avec le temps,
J'y parviendrai... pourvu que je grandisse...
Que je serais le plus fameux vaurien,
Jusqu'à la fin !.. et j'ai bonne espérance :
J'y parviendrai, morbleu ! j'y compte bien...
Si Dieu me donne le moyen
De finir comme je commence !
(A Dubois qui rentre.)

Dubois, suivez-moi chez le Chevalier de Matignon. (Bas.) Au jardin !

LA DUCHESSE, suffoquant.

Dubois ! je vous défends !.. cette arme !..

RICHELIEU, frappant sur le pommeau de l'épée.

Cette arme ?.. C'était le jouet d'un enfant... tout à l'heure, ce sera l'épée d'un gentilhomme !
(Il va pour sortir.)

*La Duchesse, Richelieu, Dubois.

DIANE, s'élançant, et poussant un cri.

Ah !..

(Richelieu la salue froidement, met son chapeau et sort.)

SCÈNE X.

LA DUCHESSE, DIANE.*

LA DUCHESSE, avec explosion.

A quinze ans !.. Il ne vivra pas !

DIANE, très agitée.

Ma mère ! ma mère !.. ah ! qu'avez-vous dit !.. Vous n'avez donc pas entendu... le Baron... le Chevalier !..

LA DUCHESSE.

Vous avez écouté ?

DIANE.

Ah ! je n'ai pas perdu un mot... Il va se battre !

LA DUCHESSE.

Eh non !.. il va chez Matignon, notre cousin, qui sait trop bien ce qu'il nous doit, ce qu'il se doit à lui-même, pour se mesurer avec un enfant.

DIANE, avec feu.

Un enfant... plein de cœur et de courage, ma mère !..

LA DUCHESSE.

Un petit fou... qui, ce soir, couchera à la Bastille !..

DIANE.

A la Bastille !

LA DUCHESSE.

Il y couchera... Je cours chez le Chevalier, et de là, chez le lieutenant de Police... Mais qu'avez-vous donc, Diane ?.. cette émotion ! ces pleurs !.. Est-ce que...

DIANE.

C'est mon mari, ma mère !..

LA DUCHESSE.

Ma fille, il ne l'est pas ! il ne l'a jamais été ! il ne le sera jamais !.. Vous ne l'aimiez pas !..

DIANE.

Non... mais, depuis que tout le monde l'aime... toutes les femmes, du moins... (Mouvement de la Duchesse.) Je ne sais ce qui se passe en moi... je le hais bien encore... mais ce n'est plus la même chose.

LA DUCHESSE.

Moi, c'est de plus en plus fort !.. J'irai au Roi, nous obtiendrons une séparation... il le faut !.. Après une conduite comme la sienne, si vous l'aimiez... si... je vous deshériterais !..

DIANE.
Air du piège.

Mon Dieu ! que faire ?.. on me dit aujourd'hui :
Que la pitié n'entre pas dans votre âme ;
Puis, dans cinq ans, on me dira de lui :
Chérissez votre époux, Madame.
Si je ne dois jamais avoir d'amour,
Soit, je le hais, je vous imite...
(Avec candeur.)
Mais si je dois l'aimer un jour,
Autant commencer tout de suite.

LA DUCHESSE.

Ma fille !..

*Diane et la Duchesse.

DIANE.

Oui, ma mère, oui, vous avez raison, je ne dois pas l'aimer... je le hais... mais qu'il vive !

LA DUCHESSE.

C'est bien... Je cours empêcher un malheur... que je ne crains pas... Mon carrosse est en bas... mes gens vont faire approcher une chaise pour vous... Rentrez à l'hôtel... et surtout, point de regrets, point de larmes... pensez à notre gloire, et ne donnez pas cette joie à un petit fat, qui est amoureux de toutes les femmes !

DIANE, tristement.

De toutes... excepté de moi !

LA DUCHESSE.

Ma fille !

DIANE.

Me voici, ma mère !

LA DUCHESSE.

Je vais faire arrêter tout le monde.

(Au moment où elle sort au fond avec Diane, Dubois paraît à la porte du fond à droite, pâle, défait et se soutenant à peine.)

SCÈNE XI.

DUBOIS, puis RICHELIEU.

DUBOIS, d'une voix étouffée.

Mᵐᵉ la duchesse !.. Mᵐᵉ la duchesse !.. ils se battent encore !.. mon brave jeune maître !.. ils vont le tuer !.. (Tombant assis.) Ah ! je n'y vois plus... je n'ai plus de jambes !

RICHELIEU, rentrant.

Dubois !..*

DUBOIS, poussant un cri.

Ah !.. vous n'êtes pas mort ?

RICHELIEU, riant.

Pas encore, mon vieux Dubois... Aussi, je ris, je pleure, tout à la fois... Mon épée !.. tiens, tiens, garde-la-moi bien, celle-là !.. je n'en veux pas d'autre, quand j'irai à la tête du régiment qu'on m'a promis !

DUBOIS, l'examinant.

Pas blessé !.. Mais les autres ?.. le Chevalier ?

RICHELIEU.

Presque rien... une piqûre.

DUBOIS.

Le Baron ?

RICHELIEU.

Quant au Baron... (Partant d'un éclat de rire.) Ah ! ah ! ah ! tu ne devinerais jamais... (Changeant de ton.) Et il y avait du monde aux fenêtres, sur les murs... Tout Paris le saura... toutes les femmes !.. et la mienne aussi !.. Mais je l'ai laissée ici, pâle, tremblante... elle m'attend, j'en suis sûr !..

DUBOIS, tristement.

Partie, monseigneur.

RICHELIEU.

Partie !.. (Avec amertume.) Partie !.. quand j'allais me battre !.. quand peut-être... Ah ! c'est un cœur sec et froid !.. j'y renonce... (Se ranimant.) Ou plutôt non !.. C'est ma femme !.. (Plus gaîment.) Et pendant que je suis en train de guerroyer... je cours à l'hôtel de Noailles... si l'on m'en ferme la porte, tu te placeras sous la

fenêtre... quelqu'un, n'importe qui.. mon gouverneur !.. grimpera sur tes épaules... et je monterai par dessus tout ça.

DUBOIS.

Ah ! M. le duc, votre gouverneur !

RICHELIEU.

Un cuistre ! qui ne m'a rien appris... il gagnera son argent. (Changeant de ton.) Mais je perdrai le mien... et mon honneur... car j'ai parié que je n'irais pas... et qu'elle viendrait elle-même...

DUBOIS.

Mᵐᵉ la duchesse ?

RICHELIEU.

Comme les autres.

DUBOIS.

N'y comptez pas.

RICHELIEU.

Laisse donc... (La porte du fond s'ouvre ; Diane paraît.) Ah ! (Il détourne vivement la tête.) C'est elle !... j'en étais sûr !

DIANE, sur le seuil de la porte.

Oh ! mon Dieu !.. que j'ai eu peur !

RICHELIEU, passant devant Dubois, comme s'il ne voyait pas Diane et baissant la voix.

Ferme ! et n'aie pas l'air...

(Dubois se dirige vers la droite, en feignant aussi de ne rien voir.)

SCÈNE XII.

RICHELIEU, DIANE, DUBOIS.*

RICHELIEU, allant s'asseoir sur le sopha.

Dubois ?

DUBOIS.

Monseigneur ?

RICHELIEU.

Qu'est-ce que c'est ?.. il me semble qu'on est entré.

DUBOIS, jouant la surprise.

Oui, monseigneur... c'est... c'est Mᵐᵉ la duchesse.

RICHELIEU.

Qui ?.

DIANE, d'une voix tremblante.

Moi... M. le duc.

RICHELIEU, se levant tout-à-coup.

Vous !.. vous, madame ! un honneur si inespéré !.. Dubois, un fauteuil ! (Allant la prendre par la main.) C'est presque une bonne fortune, savez-vous... Ah ! pardon !.. Donnez-vous donc la peine de vous asseoir... (A part, en l'observant.) Bien, très bien !.. je crois qu'elle a pleuré... pauvre petite femme ! (Il invite Diane à s'asseoir sur le fauteuil que Dubois a placé au milieu du théâtre.) Dubois, va-t-en. (A Diane.) Vous permettez ?

DIANE, s'asseyant.

Vous êtes chez vous, M. le duc. (Il salue et s'assied sur le sopha. Dubois sort.—Moment de silence. A part.) Mon Dieu ! est-ce qu'il ne me dira rien ?

RICHELIEU, à part.

C'est cela un ménage ?.. Il doit y avoir quelque chose de mieux.

DIANE, à part.

Quel air impertinent !.. Il se venge. (Silence.)

RICHELIEU, à part.

Elle parlera.

DIANE, après quelques efforts.

M. le duc...

RICHELIEU, à part.

Allons donc !.. elle parle.

DIANE.

Pardon, si j'ai pris la liberté... si je suis venue... C'est que j'avais cru... il m'avait semblé qu'une affaire d'honneur...

RICHELIEU, à part.

Comme sa petite voix est émue !

DIANE.

J'étais tremblante...

RICHELIEU, jouant avec un gland du sopha.

Vous étiez bien bonne... Le combat ne pouvait avoir des suites graves... Un duel... d'enfant !

DIANE.

Ah !   (Elle baisse les yeux.)

RICHELIEU, à part.

Elle a compris... elle a de la mémoire.

DIANE.

Cependant, la cause de... de ces duels était sérieuse... très sérieuse.

(Elle approche son fauteuil.)

RICHELIEU.

Vous croyez ? (A part.) Elle a approché son fauteuil.

DIANE.

Deux femmes cachées ici !..

RICHELIEU.

Ah ! vous savez ?.. En ce cas, je ne le nierai pas... J'avoue naïvement que deux femmes...

DIANE.

Vous l'avouez !.. mais c'est le comble de l'audace !.. de l'indignité !.. Deux femmes enfermées chez vous !

RICHELIEU.

Oh ! c'est sans conséquence... chez un enfant.

DIANE.

Ce mot, monsieur !..

RICHELIEU.

Il est de vous... et à ce titre, j'y tiens... (Diane approche encore son fauteuil.) Décidément, son fauteuil a des fourmis dans les pieds... (Haut.) Et puis, qui sait... ces dames m'apportaient peut-être... des dragées.

DIANE, avec dépit.

Ces plaisanteries...

RICHELIEU.

Sont très agréables... pour les enfans.

DIANE, se levant tout-à-coup.

Eh ! monsieur, vous n'êtes plus un enfant !

RICHELIEU.

Vous croyez ?.. (Il se lève fièrement.) Enfin !

DIANE, plus calme.

C'est un reste de pitié qui m'avait ramenée ici.. je suis rassurée... je m'en vais... Adieu, monsieur.   (Elle se dirige vers le fond.)

RICHELIEU, saluant légèrement.

Adieu, madame. (A part.) Elle ne s'en ira pas. (Il reprend sa place sur le sopha. Diane, au moment de sortir, s'arrête au fond.)

DIANE.

Richelieu...

RICHELIEU, à part.

Elle reste !.. (Il fait une place auprès de lui sur le sopha.) Elle y viendra !

DIANE, s'approchant peu à peu.

Richelieu, n'avez-vous point de torts à expier ?.. Je ne vous parle plus seulement de ce qui vient de se passer... Mais il est un autre souvenir... un autre !.. qui pèse sur mon cœur... comme un poids affreux !

RICHELIEU, à part.

La Princesse.

DIANE.

Comment vous justifierez-vous d'avoir osé, le jour même de votre mariage...

RICHELIEU.

Et à qui la faute ?.. Ne m'aviez-vous pas humilié, dédaigné, chassé !.. (Elle fait un pas vers lui.) moi, votre mari !.. votre amant !.. (La voyant approcher, à part.) Elle y vient ! (Haut.) Lorsqu'une porte s'ouvrit devant moi... lorsque, dans mon délire, j'osai en franchir le seuil, qui vous dit que je n'allais pas... (Voyant Diane tout près de lui.) que je n'allais pas... chez vous ?

DIANE, poussant un cri de joie et se laissant tomber sur le sopha.

Ah ! chez moi !..

RICHELIEU, à part.

Elle y est !

DIANE.

Chez moi !.. et vous vous êtes battu pour une autre !

RICHELIEU.

Qui vous dit que ce n'était pas pour punir un fat qui avait osé vous écrire ?

DIANE.

Le Chevalier !.. oui... une lettre que je lui ai renvoyée avec mépris, sans réponse.

RICHELIEU.

Vrai !... J'ai donc bien fait de le châtier... Je l'ai blessé.

DIANE.

Mais vous ?..

RICHELIEU, insistant.

Je l'ai blessé au bras droit.

DIANE, sans l'écouter.

Mais vous ?..

RICHELIEU, avec transport, se jetant à ses pieds.

Moi !.. J'ai encore tout mon sang, toute ma vie, toutes mes forces... pour t'aimer !

DIANE.

Oh ! tais-toi ! tais-toi !

RICHELIEU.

Et maintenant, s'il faut me justifier encore...

DIANE, le relevant.

Non, non !.. c'est inutile !.. je crois tout... ou plutôt, non, je ne crois rien... je n'ai rien vu, rien entendu !... tu n'as toujours aimé que moi ! moi seule !..

RICHELIEU.

Oui, une ingrate... qui ne m'a pas compris, il y a huit jours... parce que je n'avais que quinze ans !

DIANE, lui tendant la main.

Oh ! il y a cinq ans de cela !.. Grâce pour moi !..

RICHELIEU.

Ah !.. (A part, en lui baisant la main) Oh ! les femmes !..

LA DUCHESSE, en dehors.

Venez, chevalier, venez...

DIANE.

Ciel! ma mère!.. je suis perdue!

RICHELIEU, courant à la porte.

La Duchesse?.. ma foi, oui!.. Bon!

(Il revient près de Diane.)

DIANE.

Elle va me trouver chez vous!..

(Effrayée, elle se jette sur le sopha et se blottit derrière Richelieu.)

RICHELIEU, se plaçant devant elle.

Chez nous!

SCÈNE XIII.

LES MÊMES, LA DUCHESSE, MATIGNON, qui porte le bras droit en écharpe*.

LA DUCHESSE.

Monsieur de Richelieu! vous nous avez trompés, vous vous êtes battu!.. (Regardant Matignon.) et la preuve... Mais tous vos débordemens touchent à leur terme! Voici Monsieur de Matignon, qui reçoit une lettre de cachet...

RICHELIEU, vivement.

Datée d'hier!

LA DUCHESSE.

Et l'ordre de vous conduire à la Bastille.

MATIGNON.

Sans rancune, cousin!..

RICHELIEU, gaîment.

Allons, botte pour botte!.. Seulement, je suis fâché de ne vous avoir laissé que la main gauche, pour m'arrêter.

LA DUCHESSE.

Trève de raillerie!

RICHELIEU, affectant un grand sérieux.

C'est juste!.. ma belle-mère ne rit jamais.

LA DUCHESSE.

Votre famille vous sauvera, malgré vous.

RICHELIEU.

Ma famille!.. ma femme en est-elle?

LA DUCHESSE.

Votre femme?.. est trop fière, trop sage pour vous pardonner jamais!.. non, jamais, elle ne rentrera dans cet hôtel, d'où elle est partie furieuse! jamais! (En ce moment, Richelieu s'écarte et laisse voir Diane. La Duchesse reste la bouche ouverte et suffoquant.) Hein?.. quoi!.. ma... ma fille!..

MATIGNON, reculant.

Ma cousine!

RICHELIEU.

Sans rancune, cousin!

LA DUCHESSE.

Mademoiselle de Noailles!..

RICHELIEU.**

Oh! cette fois, Madame la Duchesse de Richelieu!

DIANE.

Ma mère!..

LA DUCHESSE éclatant.

Il n'y a plus d'enfant!

RICHELIEU.

Si fait! il y en aura toujours!.. Vous serez grand'mère, belle-maman!

* Diane, Richelieu, la Duchesse, Matignon.
** Diane, la Duchesse, Richelieu, Matignon.

LA DUCHESSE.

Chevalier de Matignon! exécutez les ordres du roi!

SCÈNE XIV.

LES MÊMES, LE BARON, puis, DUBOIS.

LE BARON, en dehors.

Oh! la! oh! la! la!.. faites donc attention!

TOUS.

Qu'est-ce?.. le Baron?..

LA DUCHESSE.

Encore une de vos victimes!

DIANE.

Il est blessé!..

RICHELIEU, vivement.

Oh! lui, il n'y a pas de ma faute... demandez au chevalier... (Matignon retient un éclat de rire.) Vrai!.. J'avais expédié le cousin... c'était le tour du pauvre Baron... Mais il rompait toujours, et j'allais enfin lui porter une botte... quand tout-à-coup, nous entendons les cris de la Baronne, qui accourait... le malheureux se retourne!.. mais ma foi, mon épée était lancée, et il l'a reçue...

LA DUCHESSE.

Ah! mon Dieu!..

RICHELIEU, riant.

En plein!.. vous y êtes!..

(Matignon éclate de rire; Diane sourit à part.)

LE BARON, paraissant au fond, soutenu par un valet.

De la part de Monseigneur le Duc de Bourgogne!.. oh! la, la!

LA DUCHESSE.

Vous souffrez?..

LE BARON.

Peu, très peu... c'est dans le gras qu'il a donné heureusement.

RICHELIEU.

Hein?.. il fallait être adroit pour ça!

LE BARON.

Je ne vous en veux pas... c'est ma faute... cette idée de me retourner!.. Du reste, c'était extrêmement bête, de me battre... car enfin, la Baronne m'a tout expliqué de la manière la plus... Oh! la, la!... satisfaisante.. Sans rancune!..

RICHELIEU.

Ah! comme le chevalier!.. vous êtes battu et... content.

LE BARON.

Mon Dieu, oui... Je rentrais chez moi, pour me remettre entre les mains du petit Fagon, quand l'officier de service m'a donné, de la part du prince, pour vous... Oh! la, la!

DIANE.

O ciel!

MATIGNON.

Parlez!

LA DUCHESSE.

Expliquez-vous!

RICHELIEU.

Quoi donc?

LE BARON.

Eh mais! ce brevet, qui vous fait partir ce soir pour l'armée de M. le maréchal de Villars, avec le titre de Colonel... Oh! la, la!

RICHELIEU, avec joie.

Colonel !.. moi ! (A part.) La Princesse m'a tenu parole !

DIANE, bas.

Pour vous sauver de la Bastille !.. elle me l'avait promis.

LA DUCHESSE, s'interposant.

Permettez !.. Nous avons aussi un brevet... d'un autre genre... Chevalier...

(Elle prend la lettre de cachet des mains de Matignon et le remet tout ouvert à Richelieu.

RICHELIEU, du même ton, tenant d'une main le brevet et de l'autre la lettre de cachet.

Permettez !.. La lettre de cachet est datée d'hier, et porte la signature du ministre... le brevet est daté de ce jour, et porte la signature du roi... Le roi est plus grand que le ministre; aujourd'hui est plus puissant qu'hier... Je suis Colonel !...

(Il rend la lettre de cachet à la Duchesse, qui la froisse avec dépit.)

LE BARON.

C'est juste... Oh ! la, la !

RICHELIEU, continuant.

A l'armée, donc !.. M. de Villars sera content de moi !... Avant un mois, je vous en rapporterai des nouvelles... (A Matignon.) C'est mille louis que vous allez me compter... de la main gauche... pour payer mon cheval de bataille !... Je pars ce soir !.. (Diane lui saisit la main avec effroi. Il la regarde en souriant, et reprend bas.) Demain !

* Le Baron, Diane. Richelieu, la Duchesse, Matignon.

DUBOIS, entrant.

Monseigneur... une longue file de voitures arrive à l'hôtel... Ce sont toutes les dames de la cour qui viennent, sur le bruit qui s'en est répandu, savoir l'issue de ce double combat.

RICHELIEU.

Eh ! que m'importent ces dames ?.. (Bas, à Dubois.) Prends leurs noms, et tu m'en remettras la liste... (A part.) C'est l'avenir !

CHŒUR.

Air : de Lucie de Lammermoor.

Nous avons ri de sa jeunesse,
Vous avez ri de ma jeunesse,

Et c'est moi qui l'emporte enfin !
Et c'est lui qui l'emporte enfin !

Quand à l'amour s'unit l'adresse,
Le triomphe est toujours certain.

RICHELIEU, au public.

Air d'Yelva.

J'ai pris, ce soir, un nom chéri des dames,
Doux souvenir de plaisir et d'amour :
    A Richelieu, héros des femmes,
Je puis devoir deux succès en un jour.
Faites pour nous un généreux partage :
Mesdames, vous, dont les arrêts font loi,
A Richelieu donnez votre suffrage,
Et ces messieurs se chargeront de moi.

REPRISE DU CHŒUR.

Vous avez ri de ma jeunesse, etc.
Nous avons ri de sa jeunesse, etc.

FIN DES PREMIÈRES ARMES DE RICHELIEU.

Imprimerie de Moncheny et Cie , à Vaugirard.